A
invenção
da
família
ocidental

Dados Internacionais de Catalogação na Publicação (CIP)
(Câmara Brasileira do Livro, SP, Brasil)

Hervouët, Thomas
 A invenção da família ocidental / Thomas Hervouët ;
tradução de Caesar Souza. – Petrópolis, RJ : Vozes, 2024.

 Título original: L'invention de la famille occidentale
 ISBN 978-85-326-6906-3

 1. Ciências sociais 2. Família – Aspectos sociais
3. Ocidente – História 4. Sociedade – História I. Título.

24-198259   CDD-306.85

Índices para catálogo sistemático:

1. Família : Aspectos sociais   306.85
Eliane de Freitas Leite – Bibliotecária – CRB 8/8415

A invenção da família ocidental

≈

Thomas Hervouët

Tradução de Caesar Souza

EDITORA
VOZES

Petrópolis

© Éditions Salvator, Paris, 2022. Yves Briend Éditeur S. A.

Tradução do original em francês intitulado
L'invention de la famille occidentale

Direitos de publicação em língua portuguesa – Brasil:
2024, Editora Vozes Ltda.
Rua Frei Luís, 100
25689-900 Petrópolis, RJ
www.vozes.com.br
Brasil

Todos os direitos reservados. Nenhuma parte desta obra poderá ser reproduzida ou transmitida por qualquer forma e/ou quaisquer meios (eletrônico ou mecânico, incluindo fotocópia e gravação) ou arquivada em qualquer sistema ou banco de dados sem permissão escrita da editora.

CONSELHO EDITORIAL

PRODUÇÃO EDITORIAL

Diretor
Volney J. Berkenbrock

Aline L.R. de Barros
Marcelo Telles
Mirela de Oliveira

Editores
Aline dos Santos Carneiro
Edrian Josué Pasini
Marilac Loraine Oleniki
Welder Lancieri Marchini

Otaviano M. Cunha
Rafael de Oliveira
Samuel Rezende
Vanessa Luz
Verônica M. Guedes

Conselheiros
Elói Dionísio Piva
Francisco Morás
Gilberto Gonçalves Garcia
Ludovico Garmus
Teobaldo Heidemann

Conselho de projetos editoriais
Isabelle Theodora R.S. Martins
Luísa Ramos M. Lorenzi
Natália França
Priscilla A.F. Alves

Secretário executivo
Leonardo A.R.T. dos Santos

Diagramação: Editora Vozes
Revisão gráfica: Fernando Sergio Olivetti da Rocha
Capa: Editora Vozes

ISBN 978-85-326-6906-3 (Brasil)
ISBN 978-2-7067-2317-9 (França)

Este livro foi composto e impresso pela Editora Vozes Ltda.

Não nos compreendemos senão pelo grande desvio dos signos da humanidade depositados nas obras da cultura. Que saberíamos do amor e do ódio, dos sentimentos éticos e, em geral, de tudo aquilo que chamamos o si-mesmo, se isso não tivesse sido levado à linguagem e articulado pela literatura?

Paul Ricoeur, *Ensaios de hermenêutica*

Sumário

Introdução, 11

Parte I – Heterossexualidade e monogamia..................... 21

1 – Tudo começa com Homero, 23

Homero, o fundador, 23

As narrativas homéricas, 24

A sociedade europeia será heterossexual e monogâmica, 27

Eros e Tanatos: as forças da *Ilíada*, 31

A heteronomia antes da heterossexualidade, 35

Medida humana, sabedoria divina, 38

2 – Duas sociedades, 43

Troia, protegida de Afrodite, 44

A ordem familiar troiana, 46

3 – Ulisses, Penélope, Telêmaco, 51

O poema do retorno, 51

Dignidade igual?, 54

O trabalho feminino, 57

A glória de Ulisses, 60

História e memória, 63

O término da viagem, 66

Heterossexualidade, 68

4 – Violências da ordem conjugal, 71

Falocracia?, 71

Édipo, ou o infortúnio herdado, 78

O lugar verídico, 81

A família contra o Estado: Antígona, 84

A missão exclusiva, 91

Parte II – A invenção do pai ocidental 97

1 – O amor sem família, ou Tristão e Isolda, 99
Uma lenda tenebrosa, 102
Guerreiros e mágicos, 104
Uma canção de amor e de morte, 107
Narrativa romanesca, reflexo histórico?, 110
Autópsia da infelicidade amorosa, 112
O pai desconhecido, 115
Conclusão e transição, 119

2 – Abraão, o pai judeu, 123
De escândalo em escândalo, 124
História de um canalha, 127
A verdade do pai, 132

3 – Abraão no Ocidente, 137
O pai da promessa, 138
As promessas de Abraão, 139
A árvore ocidental, 141

4 – José, pai silencioso, 151
O carpinteiro de Nazaré, 152
O invisível, 154
Um homem casto, 157
Masculino e feminino cristãos, 160
A instituição do paradoxo, 162
Patriarcado cristão, 167
O progresso ocidental, 170

Parte III – O amor no casamento **173**

1 – Casamento clássico, 175

Retorno à Itália, 176
O casamento é um ato político, 177
Distinção entre casamento, amor e sexualidade, 181
O papel das mulheres: cidadãs sem poder, deusas todo-poderosas, 183
Posteridade da obra, 185

2 – Heroísmo burguês: *O quarto dos esposos do Chastel*, 187

Um último romance cortês, 187
A maldade do Príncipe Negro, 193
O menino e sua mãe, 194
O leito conjugal, 197

3 – O casal e o Estado cristão em *O Cid*, 201

Fortunas e infortúnios da honra familiar, 202
Admirável Rodrigo, 207
Ximena posta à prova, 210
A mulher mais livre, 216

4 – Verdade da literatura: *O duque e a duquesa de Saint-Simon*, 219

Casamento razoável, 219
Amor crescente, 222
E os filhos?, 226

Parte IV – Movimentos modernos 229

1 – Marivaux moderno, 231
Os novos enamorados, 233
A ordem da natureza benéfica, 236
A conquista da autonomia, 239
A ponta erótica, 241
Justiça para Marivaux, 244

2 – Reinventar o amor, 247
Marotte e Robichon, 248
Aplicação geral, 253
Revolução sexual?, 258

3 – Fazer amor no século XX segundo Alfred Hitchcock, 261
Indivíduos perfeitos, 263
Entes incertos, 265
O dispositivo industrial, 270
O mundo fotogênico, 274
A mulher desaparece, 276
Retorno à luz, 281

Conclusão: O fracasso e a escrita, 289
Um lar enigmático, 290
O casamento, a piedade, a visão, 294
A visão da realidade, 297
Contemplação, 301
A infância, 302

Introdução

Heródoto, em uma página célebre de suas *Investigações*, conta-nos o diálogo verdadeiramente patético entre Demarato, rei destronado de Esparta, refugiado na corte de Persa, e seu anfitrião Xerxes, "rei do universo, grande rei, rei legítimo, rei da Babilônia, rei da Suméria e Acádia, rei das quatro regiões".

Xerxes está prestes a invadir a Grécia, a fim de vingar a derrota de seu pai, Dário. Alguns anos antes, com efeito, Atenas havia derrotado as tropas dele na costa de Maratona – foi em 490 AEC. A Pérsia organiza, portanto, uma formidável expedição punitiva que reduziria a nada essa nódoa de aldeias pobres, pequenas cidades dispersas em torno do Mar Egeu. Antes de sua partida, ele interroga Demarato, perguntando-lhe se os espartanos, cujo valor militar ele não ignora, ousarão lhe resistir.

Demarato, não sem coragem, responde-lhe que os espartanos preferirão morrer a serem reduzidos à servidão. Os lacedemônios, ele explica, "só obedecem a uma única senhora, a lei". A esse respeito, são livres e jamais se curvarão à autoridade de um só homem: eles combaterão até ao fim sem esmorecer.

Xerxes desata a rir ao ouvir essa resposta. Ele expressa a desproporção das forças, que torna absurda toda esperança de resistência. Para ele, não é uma "lei interior" que conduz a coragem dos homens, mas o medo e o flagelo de um senhor vigoroso. O rei dos persas jamais experienciou a liberdade sob o regime da lei, ele ignora o tipo de dignidade que ela proporciona. Incapaz de entrar na lógica grega, ele considera aberrante o discurso de Demarato. Assim, os homens falam, mas não podem mais se compreender: o afrontamento é inevitável. Essa será a segunda guerra médica, e o segundo triunfo das pequenas cidades sobre o gigante oriental.

Talvez existam realidades que permaneçam incompreensíveis fora de sua experiência. E, com relação à família ocidental dita "tradicional", muitos de nossos contemporâneos se encontram na mesma posição de Xerxes diante de Demarato: incrédulos, consternados, escarnecedores ou desdenhosos. Como imaginar homens e mulheres se ligando um ao outro exclusivamente pela vida inteira? Como apoiar a restrição social exercida em torno de uma rápida promessa de juventude? Quem, de qualquer modo, poderia ainda exercer semelhante restrição? É possível conceber a felicidade em uma estrutura tão rígida? O que era, há meio século, o mais comum, está prestes a se tornar o mais incrível.

Os tempos mudam. Nossas sociedades hoje não sabem mais por que deveria haver padrinhos e madrinhas, casamentos e funerais, nem mesmo pais e mães, um único ou vários. Não estamos certos sequer de saber por que deveria haver filhos. As razões fundamentais desses usos, o eventual benefício que podem oferecer, estão consideravelmente obscurecidas.

Talvez tenhamos abusado do argumento da diversidade de formas: sob pretexto de que sociedades como essa ou aquela existem ou existiram, parece convincente seguir seu exemplo. E nos esquecemos por que, há muito tempo, sob nossas latitudes, essa tendência e essa escolha foram preferidas. Entristece-nos, de qualquer modo, imaginar que princípios tão elementares, ou tão arcaicos a nossos olhos, tenham sido objeto de uma decisão sensata.

A história pode servir a essa explicação. Ao estudarmos sua aparição ou desaparição, permite recuperar a compreensão das coisas muito habituais. Substituindo-as em seu contexto, ela as situa em relação a um problema preciso e permite apreciar melhor a pertinência dessa ideia, o valor dessa solução. Vale a pena também retornar aos livros antigos para refletir sobre o possível, o necessário, o melhor.

A questão é, portanto, saber por que meio abordar esse imenso conjunto que constitui, ao longo dos séculos, o fenômeno chamado "família". Seria já uma grande coisa escrever a história de uma cidade ou de uma nação, mas, afinal, o número de nações ou de cidades não é tão grande, e a comparação permanece possível. O fenômeno social que nomeamos "família" apresenta a particularidade de ser ao mesmo tempo o mais geral e o mais singular, o mais elementar e o mais original, o mais íntimo, o mais evidente, o mais obscuro: essa amplitude rara levanta um desafio metodológico.

Eis aqui um estudo resolutamente inscrito no que costumamos chamar "a história das representações". Nele propomos traçar as características essenciais e as principais evoluções da família ocidental por meio da análise de algumas obras literárias célebres. Tentemos justificar sumariamente, se isso é possível, uma escolha tão restritiva, da qual não deixaremos de denunciar o caráter subjetivo, aleatório e mesmo parcial.

Começaremos por observar que escrever cientificamente a história da família se torna, primeiramente, escrever a história do *direito da família*: em todo o rigor do termo, e, aos olhos da sociedade, o que chamamos hoje família nada mais é do que uma montagem, um arranjo jurídico com vistas a repartir e garantir certos direitos entre certas pessoas. Sobre esse tema existem estudos notáveis que parecem, em suas grandes linhas, mais ou menos definitivos[1].

Contudo, quem poderia se satisfazer com esse ponto de vista unicamente legal? Quem, desejando contar a história de sua família, começaria indicando o regime matrimonial de seus pais – comunhão de bens ou comunhão parcial de bens etc.? Com certeza, os assuntos de herança pesam no destino dessas pequenas comunidades, mas só assumem essa importância em razão da atmosfera nas quais ocorrem. Pareceria que a família como tal precede do direito de família. Do mesmo modo, a memória dessa deveria urdir sobretudo as lembranças de encontros, promessas,

---

1. Em meio a inúmeros recursos, a *Introduction historique au droit de la famille*, de Antoine Leca, LexisNexis, 2021, pode servir aqui; o monumento já antigo de Jean Gaudemént permanece precioso: *Le mariage en Occident*. Paris: Cerf, 1987.

fidelidades, maravilhamentos e decepções, carinhos e golpes, nascimentos e mortes, partidas e retornos. Essa é a trama concreta das vidas familiares, quando as examinamos individualmente.

Essa resposta, já embaraçosa, ainda não é suficiente. A História – conservemos seu H maiúsculo – se caracteriza por um objetivo senão universal, ao menos relativamente elevado, capaz de envolver e interessar mais do que o círculo estreito de contemporâneos ou de amigos. Compreendemos, portanto, que todas as crônicas possíveis não formam em si, imediatamente, uma História. Em outras palavras: é sempre possível narrar uma fidelidade particular, a de Luís IX e a de Margarida da Provença, ou a de meus avós. Isso significa que uma história da fidelidade "em geral" é possível?

A sociologia responde positivamente, e sua tranquila audácia geralmente seduz o espírito contemporâneo. Operando sua redução favorita, ela fará da fidelidade um objeto estatístico, adicionará os casamentos, subtrairá os divórcios, ponderará por um coeficiente de adultérios verificados ou prováveis. Procedendo assim, ela *sistematizará* a realidade social: nesse sistema, a fidelidade será compreendida com relação ao seu oposto, a infidelidade. O par fidelidade/infidelidade assim formado poderá de qualquer modo ser nomeado igualmente alienação/liberdade, sem consequência particular. O objetivo, e o único, é encontrar um dispositivo suficientemente poderoso para integrar as relações humanas em esquemas determinados e sobretudo quantificáveis. A partir daí se tornará possível, por trás dos ritos, identificar as relações de força, qualificar vítimas, apresentar um certificado científico para as causas políticas.

A abordagem não é ilegítima, a ferramenta estatística não deve ser negligenciada, mas, de uma parte, nossos recursos na matéria são pobres antes do século XVIII, e, de outra parte – sobretudo –, concordaremos que a carga profunda, o compromisso existencial da fidelidade, o recurso de sentido que ela pode eventualmente conter em um destino humano, correm o risco de nos escapar nessa contabilidade. A fidelidade conjugal não é somente o inverso da infidelidade, ou a opção eventual de um menu mais ou menos abundante. Se esperamos compreender essas disposições, esses fenômenos que se manifestam em torno do sol do amor, outro método deve ser encontrado.

Chegou o momento de lembrar que existe, para compreender as realidades inefáveis da vida social, uma abordagem alternativa, poética, que consiste em propor histórias singulares, histórias que têm a vocação de dizer o universal. É o que chamamos dramas, ou romances.

Devemos admitir, para isso, que a literatura é um assunto sério, não menos sério ou rigoroso do que as tabelas de entradas duplas das ciências sociais. É verdade que, com relação à sociologia, e, sob uma consideração pós-moderna, a abordagem poética apresenta duas falhas irremissíveis. De uma parte, ela se furta a toda abordagem numérica, a toda determinação absoluta de suas condições de produção e de recepção – que é como, com frequência, pretendemos conhecer alguma coisa. De outra parte, seu tema exige um esforço de leitura e de interpretação que jamais é terminado.

É possível afirmar que Shakespeare não disse menos sobre a família e as relações amorosas em sua época do que Durkheim ou Weber, por exemplo, mas não é tão simples saber o que Shakespeare quer dizer exatamente. Os manuais de sociologia nos entregam conclusões claras e precisas, imediatamente operacionais: uma vez fechado o livro, podemos nos pôr a trabalhar sem demora. Shakespeare inspira sentimentos e pensamentos elevados, mas que nem sempre são claros, e que hesitaremos em considerar definitivos.

Shakespeare nos fornece apenas alguns conhecimentos positivos com relação aos modos de viver no século XVII. Na verdade, abre um campo de reflexão atemporal sobre as relações amorosas, familiares, um campo de reflexão que não cessa de nos nutrir. Shakespeare, ou Marivaux, ou, por exemplo, Michel Houellebecq nesses últimos tempos, indicam-nos como os contemporâneos de uma época representam para si suas condições de vida, o valor de seus esforços e o que podiam esperar. O sentido que podemos dar a essa aventura humana que é a vida familiar: eis aqui o que se desprende da literatura.

Talvez seja permitido ir ainda um pouco mais longe. Propomos, aqui, a hipótese de que são eles que – não menos que os legisladores, e, certamente, mais que os sociólogos ou os filósofos – ao expressarem a vida familiar em toda sua intensa complexidade por meio de sua linguagem, e ao encená-la com suas intrigas, *inventam* o que se chama genericamente a "família ocidental". Compreendemos, portanto, como eles interessam à História.

É necessário, porém, uma diretriz para reunir em algumas páginas tantas obras diferentes, uma trama adequada para associar Homero, Marivaux e os outros. Retornemos, portanto, a um ponto de partida clássico.

A História, como disciplina científica, procura responder à pergunta: o que ocorreu? Por muito tempo considerou-se que nada verdadeiramente histórico ocorria no círculo familiar: a vida privada não interessava. A família pertencia, na verdade, à ordem biológica das coisas imutáveis. Essa visão mudou nos séculos XIX e XX, quando se passou a apreciar melhor não somente as evoluções culturais e sociais como também os problemas propriamente políticos vinculados a esses pequenos grupos.

A família, então, surgiu principalmente como o lugar de exercício e de reprodução de um poder patriarcal pouco afável e cuja legitimidade, na era industrial, nada tinha de evidente. À pergunta "o que ocorreu?", respondeu-se, portanto, com uma história de violência oculta, de simulacros, de restrições perversas, de silêncios dolorosos, de dominação, uma história da qual, globalmente, é tempo de sair.

Outro esquema geral merecia talvez existir. Diante dessa mesma pergunta que provém da História – "o que ocorreu?" –, vamos tentar recordar que a sociedade ocidental inicialmente inventou uma célula original, heterossexual, monogâmica, que, após hesitações e pesares sucessivos, desenhou uma forma de paternidade muito singular, antes de promover um casal livre e enamorado.

Esses fatos estão inscritos, perfeitamente verificáveis, na história do direito, que registra com uma precisão sismográfica os movimentos dos costumes e regras nos quais, sem muita reflexão, estamos instalados. Porém, o direito, como o sismógrafo, não explica os fenômenos anteriores, ou adjacentes, nem a razão profunda e as escolhas – digamos, espirituais – que determinam os movimentos em questão. Esta meditação e esse distanciamento, a literatura nos oferece.

O drama ou o poema, recusando a abstração das disciplinas científicas, concentra os aspectos mais característicos da vida familiar sem nada negligenciar do que faz sua substância e seu sabor: ele estiliza, de modo que em lugar nenhum lemos melhor o jogo de restrições e de esperanças, o campo dos desejos, as relações de força, a sutileza das escolhas; em suma, a liberdade em ação na história.

Assim se desprende o interesse propriamente cativante das grandes obras em sua dupla natureza: rigorosamente situadas em uma época particular, cuja comparação suscita uma reflexão sempre esclarecedora para nós, e ao mesmo tempo eternamente atuais, transbordando uma seiva perpetuamente fresca, vivificante, o que faz com que sua companhia geralmente embriague e certamente nutra.

Somente a literatura, corretamente situada em seu contexto, nos dá a compreensão profunda das direções finalmente preferidas por essas entidades cegas que chamamos "sociedades", direções que resultam de atos individuais inumeráveis e anônimos. Será necessário, portanto, articular o discurso mais subjetivo dos romancistas ou dos poetas com os dados objetivos que nos entrega uma ciência histórica cujo conhecimento progride em domínios sempre mais numerosos.

Que a síntese é arriscada, todos sabem: nada é mais fácil do que fazer um romance ou um poema nos dizer o que queremos ouvir, quando os autores não responderão mais. Aí está o risco de toda a leitura. Mas isso não deveria impedir-nos de nos aproximarmos desses textos luminosos, de ouvirmos esses testemunhos sempre atuais, de refletirmos novamente com eles sobre a inteligência das relações humanas e, aqui, mais especificamente, sobre a inteligência da família ocidental.

Parte I
Heterossexualidade e monogamia

1
Tudo começa com Homero

Homero, o fundador

Por que esse ponto de partida? Porque, antes dele, nada sabemos. Porque Homero coloca em ordem o universo inteiro, do topo do Olimpo até as ilhas distantes, com a esperança de figurar a dignidade de nossa existência humana, ao mesmo tempo social e singular. Porque Homero apresenta um quadro extraordinariamente justo, sutil e equilibrado das relações familiares, que vai nos explicar o primeiro contexto do casamento ocidental, as primeiras razões da fidelidade. Porque Homero ensinou a Grécia antes de inspirar a Europa.

Não é que nada haja antes dele, mas, antes, não podemos dizer muita coisa sobre relações familiares. Do Egito nos restam contratos, vereditos, poemas. Os micênicos deixaram tumbas, não testamentos. Contudo, há narrativas transmitidas de contadores a contadores, aedos que contam e adornam através dos "séculos obscuros" essas horas sombrias que em breve serão dissipadas pelo grande despertar grego do século VIII.

Eis, então, que surge Homero. Reunindo a memória dos povos egeus, ele proclama suas façanhas com uma tal ênfase que a escrita é inventada, para que a humanidade jamais esqueça seus versos. Alguns pesquisadores supõem que é em torno dele que foram definidas a sílaba e o acento, a fim de registrar melhor a poesia e seus ritmos inefáveis, uma escrita tão simples que uma criança de 5 anos pode decifrá-la. Em todos os demais lugares, a ciência dos signos exige árduos estudos reservados às castas estreitas de escribas. Em torno do Mar Egeu, a partir de Homero, quase todos podem aprender as 26 letras da escrita fonética e os 32 mil versos da Guerra de Troia. Todos podem meditar sobre as relações entre os deuses e os humanos. Os camponeses mais modestos podem gravar seu nome sobre um pedaço de cerâmica, narrar a aventura de Ulisses e os subterfúgios de Penélope. A democracia já é possível. Gênio grego, fim da oralidade, início da história? Não sem Homero, em todo caso.

As narrativas homéricas

Duas histórias, como se diz – aqueles que as conhecem podem pular as páginas seguintes. A primeira, a *Ilíada*, é uma narrativa de guerra: Páris, filho do Rei Príamo e protegido da deusa Afrodite, sequestrou Helena, a esposa do Rei Menelau. Com a ajuda de seu irmão Agamenon, Menelau monta uma gigantesca expedição para recapturar sua esposa e castigar o culpado. O conflito entre os aqueus – os gregos ocidentais – e a poderosa cidade de Ílion na Ásia Menor, igualmente chamada Troia, durará dez anos.

A narrativa da *Ilíada* começa, portanto, em um momento em que a guerra parece jamais terminar, com uma crise no campo aqueu. Aquiles disputa uma parte do espólio com o Rei Agamenon: uma jovem escrava chamada Briseida. O semideus, guerreiro praticamente invencível, anuncia em sua cólera que se retira dos combates e se recusa, dali em diante, a sair de sua tenda. O objetivo da *Ilíada* será o retorno de Aquiles à batalha.

Durante um ataque particularmente perigoso, seu amigo mais caro, Pátroclo, decide se unir à tropa. Aquiles lhe empresta suas armas e é sob esse disfarce que ele é morto por Heitor, o herói troiano. Tomado de dor, furioso, Aquiles retorna ao combate, massacra Heitor e profana seu cadáver, arrastando-o atrás de sua biga ao redor dos muros de Troia. Em uma cena que é um ápice absoluto da literatura, ele devolverá esse cadáver, irreconhecível a Príamo, seu pai, que vem reclamá-lo. Restará a ele apenas celebrar funerais imponentes a seu amigo Pátroclo, acompanhados de combates esportivos nos quais os gregos podem, enfim, enfrentar-se somente pela beleza do jogo.

Mais tarde, nos desdobramentos que a *Ilíada* não conta, Ulisses inventará um estratagema extraordinário para tomar Troia: um cavalo de madeira gigante abandonado na praia pelos navios aqueus. Como Ulisses supôs, os troianos não resistirão ao orgulho de sua vitória; colocarão o objeto como um troféu no meio de sua cidade. É assim que eles mesmos introduzem na fortaleza as tropas aqueias escondidas no ventre da máquina. Troia será devastada.

Após esses desenlaces, começa o segundo poema. Ulisses, ou Odisseu em grego, perseguido pelo rancor de Poseidon, não pode entrar em sua casa em Ítaca. O deus do mar se opõe a ele, pois Ulisses cegou seu filho Polifemo, o ciclope. Após dez anos de guerra na Ásia, o herói é, assim, condenado a percorrer os oceanos durante um exílio que durará outros dez anos. Sete anos se passam em cativeiro na casa da ninfa Calipso "que ardia, essa toda divina, por tê-lo como esposo"[2], e, por isso, tenta por todos os meios convencer Ulisses a partilhar com ela a imortalidade dos deuses.

Durante esse tempo, sua fiel esposa Penélope é assediada pelas exigências de uma horda de pretendentes: a frota grega retornou de Troia e é evidente para todos que seu esposo está morto. Somente a esposa de Ulisses mantém a esperança, e, para evitar a impaciência daqueles que a querem em seu leito, ela lhes promete uma resposta no dia em que terminar de tecer a mortalha de Laerte, seu sogro, trabalho que ela tem o cuidado de desfazer todas as noites.

Os pretendentes ocupam, portanto, o palácio de Ítaca onde fazem uma festa escandalosa, pilhando sem pejo as reservas da casa. Telêmaco, o filho de Ulisses, não pode expulsá-los: as leis da hospitalidade não menos que a ausência de seu pai o impedem. Telêmaco parte, então em busca dele.

Diante da nostalgia irremediável de Ulisses, incapaz de esquecer seu lar, Calipso aceita deixá-lo partir. O pobre marinheiro chega à casa de Alcino, rei dos feácios, onde,

---

2. *Odyssée*. Paris: Gallimard, 1955, p. 54.

em uma reunião faustosa, ele conta sua errância e suas desventuras. Apenas depois disso ele chega, enfim, a Ítaca, onde, às custas de estratagemas prudentes, consegue massacrar os pretendentes, recuperar seus bens e, sobretudo, sua esposa.

Seus reencontros consagram o modelo de uma sociedade singular cujas formas, agora, é necessário precisar e, sobretudo, cujas razões é necessário tentar compreender. Delas sairá toda a história europeia.

A sociedade europeia será heterossexual e monogâmica

"Quem quer governar dignamente sua casa deverá se contentar com um único amor e que ele seja legítimo"[3]. Esse destino não foi escrito antecipadamente. O fantasma polígamo resplandece aqui ou ali, como nessa Esparta descrita por Plutarco, na qual, pelo bem da cidade, os ventres das mulheres que dão bons filhos se tornam públicos. Que os belos homens as fecundem!

Quanto à heterossexualidade, essa não possui, com certeza, os traços que lhe atribuímos hoje. Sob muitos aspectos, a sociedade grega clássica – aquela que vem após Homero – é uma sociedade não mista, na qual homens vivem entre homens e as mulheres entre mulheres. A ágora para uns, o gineceu para outras. O casamento, evidentemente necessário, é, entre as duas sociedades, um ponto estreito, frágil. Suas glórias são modestas, seus prazeres menos ardentes do

---

3. EURÍPIDES. *Andromaque*. Paris: Le Livre de poche, 1968, v. 179-180.

que as agitações homossexuais da palestra[4] ou do gineceu. Uma sociedade clivada, em suma, heterossexual em casa e homossexual em todos os outros lugares?

Não exatamente. No pano de fundo, o imenso afresco de Homero expõe e glorifica um modelo diferente, que resistirá a todas as deformações e atravessará os séculos: um único homem para uma única mulher que não é, evidentemente, nem sua irmã nem sua prima; entre os dois, os filhos exclusivamente identificados por seus pais. E, reciprocamente: os filhos nascidos de uma precisa união carnal identificam exclusivamente seus pais "biológicos".

Essa relação, se não é a única que Homero conhece, parece ser a matriz a partir da qual tudo acontece. Todo o movimento da história – as guerras, as atribulações, as promessas e as traições, as separações e as reconciliações –, tudo procede desse vínculo primordial, único, exclusivo e fecundo entre duas pessoas adultas de sexo diferente.

Sem casamento, e sem esse tipo de casamento preciso – pois, de casamentos, existem muitas outras formas –, o adultério de Helena, a cólera de Menelau, a incoercível nostalgia de Ulisses, a inteligência de Penélope, a emoção de Heitor: nada disso existe. A fidelidade conjugal, incessantemente ameaçada, traída e muitas vezes esperada, por vezes restaurada, é a matéria e a causa final, o tema fundamental das aventuras homéricas.

---

4. A palestra é o lugar onde os homens jovens vinham treinar em diferentes exercícios físicos e aprender as boas maneiras do cidadão completo.

Essa estrutura social é original? Sim e não. Em todas as sociedades humanas o casamento é um pivô central. Como observa Françoise Zonabend:

> Toda sociedade estabelece uma diferença entre união legal, juridicamente sancionada, e união livre (o concubinato) ou relações sexuais ocasionais, sejam elas permitidas ou mesmo prescritas pelo grupo. Em todas as sociedades tradicionais organizadas em classe etária, separa-se claramente os casados dos celibatários e, em inúmeras culturas, quando os últimos passam de uma certa idade, são considerados com comiseração: não têm papel preciso a desempenhar nem *status* social reconhecido[5].

Além disso, o antropólogo acrescenta:

> A passagem de um estado ao outro é acompanhada de cerimônias, cercadas de rituais civis ou religiosos que assinalam ao conjunto da comunidade a mudança que ocorreu. Mesmo nas sociedades matrilineares, nas quais o papel do esposo é pouco marcado, mesmo naquelas que negam todo papel ao homem na procriação, ou ainda naquelas que praticam "casamento entre mulheres", um ato jurídico e manifestações rituais sancionam a união[6].

O casamento parece, portanto, um fato universal, ao menos no passado da humanidade.

Porém, a segunda observação importante é que a união conjugal pode conhecer variações impressionantes:

---

5. ZONABEND, F. "Regard ethnologique sur la parenté et la famille". In: BURGUIÈRE, A.; KLAPISH-ZUBER, C.; SEGALEN, M.; ZONABEND, F. (orgs.). *Histoire de la famille*. Vol. 1. Paris: Armand Colin, 1986, p. 94-95.
6. Ibid.

Vamos nomear as principais [formas matrimoniais]: endogamia tribal e exogamia de clã (na Austrália, por exemplo, o grupo mais extenso, a tribo, é dividido em dois, quatro ou oito classes ou subclasses matrimoniais exogâmicas no interior das quais o casamento é regrado com precisão); poligamia, com suas grandes variedades: a poliandria (no Tibete, nos Toda, nos Nayar), na qual uma mulher é casada com vários homens, que podem ser irmãos; e a poliginia, união de um homem com várias mulheres, com variações como o sororato (o homem desposa um grupo de irmãs) e o levirato (o homem desposa a esposa de seu irmão morto). Os Nuer conhecem o "casamento com fantasma": o homem é coagido a desposar uma mulher para seu irmão morto, e esse último permanece o esposo titular e o verdadeiro pai dos filhos. Podemos dizer que, com exceção da união entre a mãe e os filhos, a sociedade experimentou todas as combinações: casamento do pai com sua filha [...]; do tio paterno com sua sobrinha (Melanésia); da tia paterna com seu sobrinho (Tinné, do Canadá setentrional); dos avós com seus netos (Novas Hébridas, Ilhas Fiji); do irmão e da irmã (Egito antigo, dravidianos, na Índia); e a gama muito abundante de casamentos entre primos cruzados ou primos germanos etc.[7]

Podemos acrescentar a essa impressionante enumeração uniões matrimoniais homossexuais que também existiram – ao menos, simbolicamente.

Originalidade, portanto, da família grega. Originalidade dos gregos diante dessa forma social produzida por eles: não contentes com a experienciar, puseram-na em

---

7. DADOUN, R. "Sexualité, régulations sociales". In: *Encyclopædia Universalis*, 2004.

cena, pensaram-na, julgaram-na, submeteram-na a uma crítica impiedosa; testemunham Homero, Hesíodo, Sófocles, Platão, o Licurgo de Plutarco, e muitos outros. O esforço é excepcional e sugere que a definição proposta no título desta parte não diz tudo na medida em que se contenta em enumerar normas biológicas. A heterossexualidade e a monogamia não seriam condições que trariam em si mais do que restrições sexuais, mas um potencial de humanidade autêntica?

Homero, cuja imensa trama se desenrola a partir da vibração dessa corda fundamental que é a ligação nupcial entre um homem e uma mulher, explora melhor que ninguém o que a heterossexualidade pode designar. Veremos que ele distingue ao menos duas formas sucessivamente apresentadas na *Ilíada* e na *Odisseia:* uma forma troiana para a primeira, e uma segunda, grega, poderíamos dizer – essa sendo claramente privilegiada. Seguindo sua investigação, talvez aprendamos o que o casamento faz ao homem e à mulher, o que produz para eles essa operação mais poderosa e íntima do que qualquer outra.

Eros e Tanatos: as forças da *Ilíada*

Na literatura grega, amor e casamento não surgem no meio do nada, num universo neutro ou indefinido. A união do homem e da mulher é regida por uma vasta economia geral, economia pela qual interagem os pais, os reinos e os deuses, o conjunto da sociedade humana em todo o cosmos divino. O poder do espírito de Homero abarca essa prodigiosa totalidade sem negligenciar o menor aspecto. Ao segui-la, admiramos tanto a amplitude como a coerência dessa ordem.

Por onde começar quando se trata de explorar ao mesmo tempo o céu e a Terra? Escolhemos caracterizar esse contexto com a ajuda de um artigo célebre de Simone Weil que propõe ler a *Ilíada* como "O poema da força"[8]. Comecemos considerando com ela a epopeia humana como o campo de uma manifestação de forças irresistíveis, essas forças contra as quais os humanos, por si, nada podem, forças que os latinos nomeiam "fatalidade".

Dessas forças, reconhecemos essencialmente duas na *Ilíada*: Eros e Tanatos, o desejo e a morte. Podemos dizer que as vemos, pois o talento de Homero faz de nós os espectadores fascinados, subjugados por seus efeitos sobre os entes e os corpos. A glória humana parece consistir, nessa primeira tarefa, em encarnar essas forças, em exibi-las em seu elã primitivo e sua manifestação sublime. A glória autêntica significa enfrentá-las para assumi-las e "vivê-las" sem reserva, nos palácios da cidade para a primeira, no campo de batalha para a segunda.

O poder dessas duas forças é igual. Eros – que não traduziremos por "amor", mas por "desejo erótico" – se mostra, de fato, mais temível do que Tanatos. Os deuses nos oferecem a prova: aqueles que não se preocupam com a morte permanecem ainda, na maioria, submetidos ao desejo. Três séculos depois, uma estrofe de Sófocles não diz outra coisa: "Eros, justador irresistível, [...] nenhum Imortal te escapa"[9].

---

8. WEIL, S. "*L'Iliade* ou le poème de la force". In: *Œuvres*. Paris: Gallimard, 2000, p. 527-552.

9. SÓFOCLES. *Antigone*. Paris: Garnier/Flammarion, 1999, p. 76, canto do coração, terceiro estásimo.

E o que ocorre quando os deuses são tomados de paixão erótica? O Olimpo, em Homero, é praticamente a cena de um teatro de variedades – uma frivolidade que, a propósito, valeu à sua obra a desaprovação de nossos severos autores clássicos que, na França, por muito tempo preferiram Virgílio a ele.

Mas veja Afrodite e Ares que esperam copular quando tiverem oportunidade. Veja, sobretudo, as eternas querelas de Zeus com sua terrível metade, Hera, querelas que são em grande medida responsáveis pela duração terrível dessa guerra – Zeus perpetuamente inconstante, Hera perpetuamente ciumenta: é como se os próprios deuses, garantidores da estabilidade do universo, fossem incapazes de respeitar uma ordem que é, todavia, evidente. Seríamos tentados a dizer que, em Homero, o infortúnio humano reside na poligamia dos deuses.

Veja o célebre canto XIV em que Hera emprega estratagemas muito femininos para dominar seu esposo, e Zeus é facilmente seduzido por um ornamento um tanto estudado. É um presente discreto, mas irresistível que Hera foi buscar com Afrodite: "De seu seio, [a deusa do amor] solta a fita bordada com desenhos variados, na qual se encontram todos os encantos". Aí está: basta um sutiã para encantar o senhor do Olimpo, o deus diante do qual todos os outros se curvam.

Em comparação, as histórias de amores humanos na *Ilíada* apresentam uma dignidade notável. Homero nos conta duas: Briseida com Aquiles, que vivem uma autêntica história de amor – sem dúvida. "Todo homem sábio e bom ama sua mulher e cuida dela", declara Aquiles no canto IX, "e eu também, amava essa em meu coração, embora cativa". É necessário entender o louvor choroso da jovem sobre o corpo de Pátroclo, no fim: Pátroclo, esse doce amigo que lhe havia garantido que ela se casaria com Aquiles. Ele se enganou, infelizmente...

Vamos ler, uma vez mais, os diálogos dramáticos entre Heitor e Andrômaca, os dois jovens esposos no limiar da morte. É Heitor, em uma passagem magnífica, que diz adeus a Andrômaca e a Astíanax, seu filho muito jovem.

Sem dúvida, eu o sei em minha alma e meu coração: chegará o dia em que ela perecerá, a santa Ílion [Troia], e Príamo, e o povo de Príamo, lanceiro hábil. Mas eu me importo menos com a dor que espera os troianos, ou a própria Hécuba, ou o senhor Príamo, ou meus irmãos que, inúmeros e bravos, poderão tombar na poeira sob os golpes de nossos inimigos, do que com a tua, quando um aqueu em uma cota de bronze te arrastará em prantos, tirando-te o dia da liberdade. Talvez, então, em Argos, tecerás a tela para outra; talvez carregues a água da fonte de Masseide ou de Hipereia, submetendo-se a muitas restrições, porque um destino brutal pesará sobre ti[10].

As restrições, o destino brutal e, sobretudo, essa faculdade de imaginá-lo, de expressá-lo em palavras antes que se imponha aos mortais: eis a condição universal humana. A memória, também, pela qual ressonará indefinidamente a tragédia. Heitor bem sabe, tanto que assim continua:

---

10. *Iliade*. Paris: Gallimard, 1975, p. 147-148.

E, um dia, diremos, ao te vermos chorar: "É a esposa de Heitor. Heitor, o primeiro em combate em meio aos troianos domadores de cavalos, quando combatiam em torno de Ílion". Eis o que diremos, e, para ti, isso será uma nova dor, a de ter perdido o homem dentre todos capaz de afastar de ti o dia da escravidão[11].

O mérito de Homero é o de compreender por trás da *Ilíada* e por trás de toda aventura humana esse fundo tenebroso e terrível comum a todos, o das existências fortemente restringidas: sejas tu homem ou mulher, sobrevirá a ti alguma coisa que não podes escolher; serás dominado por mais do que uma vontade, teu corpo será tomado por um elã que mesmo um deus não poderia dominar. Tu te crês senhor de ti; em um instante, eis tu, submisso, um cadáver ou um amante, descartado sem que tenhas sido consultado.

Antes e além de toda sexualidade e heterossexualidade, impõe-se para os gregos a evidência da heteronomia.

A heteronomia antes da heterossexualidade

Uma palavra sobre esse termo singular, "autonomia", que parece nos separar definitivamente dos tempos homéricos. Desde o advento da Modernidade, nós, ocidentais, colocamos a dignidade superior da autonomia da pessoa humana no horizonte de todos os nossos combates. É-nos necessário, portanto, fazer um grande esforço para aderir à "mentalidade" antiga.

Que significa autonomia? Etimologicamente, que essa pessoa é seu *nomos*, sua lei; que não se submete a seu desti-

---

11. Ibid.

no; que dele se apropria; que a união de sua razão e de sua vontade lhe permite evitar toda alienação e dela se libertar; que, presentemente, todas as narrativas são possíveis, todas as trajetórias, igualmente interessantes. A autonomia se tornou o estandarte de nosso progresso, a vanguarda de nossos melhores combates, de tal modo que a liberdade dos pós-modernos se tornou uma liberdade separada de toda referência que não meu desejo, minha vontade, meu imaginário: uma liberdade absoluta para um eu puro[12].

A autonomia moderna se desejaria o contrário exato da heteronomia – o regime da lei estrangeira, lei não escolhida por mim, mas imposta por um poder superior. A narrativa moderna postula que a humanidade teria se afastado, por revoluções sucessivas, das leis dos reis, dos deuses, do próprio pensamento de uma ordem exterior, natural, por exemplo, que, ao formalizar sua liberdade todo-poderosa, ameaçaria sua plenitude. Essa é a narrativa, esquemática para dizer o mínimo, que sustenta inúmeras reivindicações atuais. A heteronomia, para muitos de nós, contemporâneos, não poderia ser senão uma alienação.

Os especialistas observarão que Eros e Tanatos, a morte e o desejo sexual, não provêm exatamente do *nomos*, da lei propriamente dita; que falar de heteronomia para o que provém da simples "condição humana" pode parecer excessivo. É verdade: a realidade antiga, seja a da cidade ou a da alma, era organizada em graus precisos.

---

12. Em meio a numerosas referências, cf. LYOTARD, J.-F. *La condition postmoderne*. Paris: Éd. de Minuit, 1979; RENAULT, A. *L'individu. Réflexions sur la philosophie du sujet*. Paris: Hatier, 1995; MANENT, P. *La loi naturelle et les droits de l'homme*. Paris: PUF, 2018.

Porém, a unidade dessa realidade não era posta em dúvida. Era claro para todos os autores pré-modernos que as leis justas da cidade se apoiavam, buscando ao mesmo tempo um fundamento e uma direção, nas disposições do cosmos ou, nos tempos cristãos, na compreensão das Escrituras, ou seja, em um caso como no outro, em uma perfeição anterior. Havia uma conexão íntima entre a lei e a ordem geral: era na coerência do todo que residia a bondade da sociedade humana.

A Pós-modernidade na qual nos banhamos coloca que mesmo a "ordenação do universo", a ideia de uma "condição humana", natureza ou *cosmos* para falar como os gregos, emergia sempre, em última análise, de um "dispositivo" humano, tributário de uma vontade de poder; portanto, violenta, contestável.

A morte e o desejo, talvez, estejam sempre aí, mas a concepção da morte, a relação com o desejo, o que importa verdadeiramente, tudo isso é tema de narrativas, tudo é histórico, arranjo temporário, expressão de uma relação de força ou impressão subjetiva. Achamos difícil aderir a um mundo no qual todo o esforço humano consiste em se acomodar à vontade dos deuses.

Homero refletiu sobre essa heteronomia? Ele imaginou uma separação liberatória? O aedo antigo não era filósofo, ignorava os aforismos nietzschianos e o vocabulário kantiano. Apesar disso, percebia com uma extraordinária acuidade a situação criada pela heteronomia: ela é certamente muito grave, muito perigosa – a queixa de Heitor citada acima testemunha isso. Simone Weil nos mostra que a força em Homero, seja Tanatos ou Eros, transforma igualmente tanto aqueles que a exercem como aqueles que a ela se submetem, a ponto de convertê-los em coisas e entes desprovidos de pensamento: é um destino terrível.

Homero não é pós, nem moderno, ele não crê que possamos escapar aos deuses, não expôs os eventuais benefícios de uma conquista da autonomia individual. Não enalteceu a revolução contra as forças do destino ou as alienações sociais. Mas uma coisa é certa: sem a menor ilusão, ele não tem a menor ilusão a respeito da severidade dessa ordem. Com todos os acentos de seu gênio ele a expõe em um lamento magnífico.

Sem os contestar, Homero pôde refletir sobre a melhor maneira de viver sob o regime dos deuses imortais, sob o império das forças cegas, a morte ou o desejo. Esse regime, nele, parece universal; os insensatos que imaginam escapá-lo são os mais infelizes.

Medida humana, sabedoria divina

Notemos, inicialmente, que, apesar de tudo, existem alguns usos felizes dessas forças, como durante os jogos esportivos, último episódio da *Ilíada*, que anuncia um prestígio alternativo ao da vitória guerreira. Ulisses mostra também outro tipo de força durante seu grande retorno: falaremos dele.

Porém, mesmo no campo de batalha, mesmo em meio às lágrimas provocadas pela morte, o exercício da força continua a surpreender os gregos. No prazer ou no sofrimento, o corpo humano, que em si permite vislumbrar esses estados divinos, parece admirável, e essa beleza completamente encarnada nos impede de condenar os deuses que nos governam. Pois, e é seu privilégio, os humanos escolhidos pelos deuses terríveis mantêm nessa provação os olhos abertos, permanecem os espectadores de sua degradação suntuosa. Podem nomear seus senhores, acusar ou abençoar até ao limiar da morte. São capazes de alcançar a glória.

Há um paradoxo aí. Eros e Tanatos, essas forças que devastam a existência humana, seriam também, finalmente, a condição de sua grandeza. A heteronomia oferece uma estrutura na qual a humanidade assume uma certa medida, sua medida, uma boa medida. Como isso é possível, já que a criatura de carne sai, de todo modo, aniquilada do confronto? Como a perda pode se tornar um ganho?

Isso porque, sob essa assustadora restrição do amor ou da morte, é necessário admitir que, por vezes, nas grandes dores, é-nos dada a ocasião de agir em pura perda. E embora esse agir seja evidentemente inútil, a perda verdadeiramente pura pode ser proveitosa, de um benefício inestimável.

Estamos no canto XXXIII. Heitor diz que sua cidade, Troia, vai perder a guerra e, no fim de uma longa e amarga meditação, ele, de qualquer modo, une-se à tropa. Diante de Aquiles, ele percebe também que vai morrer; contudo, ele ainda se levanta e luta:

> "Ah! Sem dúvida, os deuses me chamam para a morte. [...] Isso há muito tempo já satisfaz Zeus, assim como seu filho, o Arqueiro, os que anteriormente me protegiam com tanta disposição! E eis que agora o

Destino me tem. E então! Não, não pretendo morrer sem luta, nem sem glória, nem sem um feito elevado, cuja narrativa alcance os que virão". Ele fala, e ele tira a espada suspensa em seu flanco, a espada grande e forte; e depois, erguendo-se, lança-se[13]...

Jacqueline de Romilly localiza nessas linhas a verdade do herói grego[14]. Não é uma coragem demente que é necessário elogiar aqui. Mas a essas ações empreendidas contra toda esperança e cálculo se unem um certo benefício ao patrimônio dos sobreviventes, benefício propriamente incomensurável. Elas auguram um advento de uma gratuidade.

Nada temos em troca da morte. Heitor, aceitando enfrentar e lutar mesmo quando o veredito foi pronunciado, não age por si. Não tem qualquer vantagem a esperar. Ele age pela honra, e se une a esse tesouro invisível de reputação, de memória, de dignidade; ele não trabalha mais para si, mas somente para sua viúva, para a posteridade e para a edificação da humanidade inteira, "para os que virão". Para nós.

E no que isso nos concerne? Meditando sobre o gesto de Heitor, podemos intuir que a rigorosa lógica econômica, lógica pela qual dou a quem me dá, empresto a quem me empresta, oponho-me a quem se me opõe, essa lógica binária, mimética, não é absoluta nem todo-poderosa. Aqui, ela é realmente transgredida.

Então, outra ordem desconhecida, inconcebível, poderá, talvez, sobreviver, ordem na qual os entes agiriam sem

---

13. *Ilíade*. Op. cit., p. 447.
14. DE ROMILLY, J. *Pourquoi la Grèce?* Paris: Éd. de Fallois, 1992, p. 36-38. Cf. MOSSÉ, C. "La morale héroïque". In: *La Grèce archaïque d'Homère à Eschyle*. Paris: du Seuil, 1984, p. 38-42.

retorno, cada um por todos, todos por um. Ordem pela qual, talvez, a desgraça da humanidade poderia ser conjurada, a reconciliação universal se tornaria imaginável. Nesse meio-tempo, a história recebe sua plena medida. O herói obriga os sobreviventes, a morte já perdeu seu prestígio. Compreendemos: o benefício da heteronomia seria abrir a perspectiva de uma doação. Certamente, a heteronomia é uma experiência terrível. O efeito da força se chama também escravidão, e é esse o resultado da aventura erótica de Páris, não só para ele, mas também para os inocentes ligados a ele, como a bela Briseida, ou a Princesa Andrômaca. Contudo, não é certo que de outro modo, longe dos deuses terríveis, apresente-se verdadeiramente a ocasião de agir em pura perda. Um Heitor autônomo não teria preferido outro resultado? Esperemos para ver que tipo de heroísmo alternativo a Pós-modernidade nos proporá.

Antes de avançarmos, vamos resumir esses primeiros elementos do contexto no qual nos encontramos. Antes de toda união conjugal, eis Eros governando com o mesmo rigor o mundo dos vivos, mortais e imortais, semeando as devastações da guerra, convocando entre os humanos os triunfos de Tanatos, a morte eterna. Somente essas forças primitivas oferecem às criaturas humanas a ocasião de uma doação absoluta, doação sem retorno que podemos chamar sacrifício.

Se escolhemos assimilar Eros ao que chamaremos mais tarde a *libido*, é difícil levar esse último mais a sério: a força sexual ocupa o centro de toda nossa primeira história.

Acrescentemos a isso que a sexualidade, para Homero e suas audiências, jamais concerne somente a uma pessoa. No tema, a solidariedade da cidade é completa, tanto para o bem como para o mal, para a vida ou para a morte: o poder fecundante abre o futuro de todos e de cada um, mas, por outro lado, as desordens de uns contaminam todos os outros. A escolha de Páris em favor de Helena envolveu a Grécia inteira. A sexualidade é um assunto político. Do mesmo modo, Homero nos apresenta duas maneiras de tratar Eros: uma maneira troiana e uma grega.

2
Duas sociedades

Como talvez saibamos, uma das qualidades mais eminentes de Homero é a de lançar o mesmo olhar aos amigos e aos inimigos, de libertar a humanidade de todos e de cada um, sem consideração de origem nem de pessoa. Em Homero, em parte alguma há inimigos; somente adversários, todos igualmente patéticos diante da morte.

A partir de uma reflexão sobre a autoridade, Pierre Manent se perguntou se, além dessa famosa e admirável equanimidade, troianos e aqueus apresentariam os mesmos mecanismos políticos e sociais[15]. A questão é importante: se as duas sociedades são verdadeiramente similares, então, entre elas a querela e a guerra são fortuitas, resultantes do acaso, dos caprichos dos deuses; portanto, ineptas e verdadeiramente fatais. Por outro lado, se diferenças são observáveis, então podemos tirar uma lição e escolher um modelo: os humanos acedem a uma responsabilidade diante do destino. O acaso recua; a reforma é possível; tornamo-nos inteligentes.

---

15. MANENT, P. *Les métamorphoses de la cité. Essai sur la dynamique de l'Occident*. Paris: Flammarion, 2010, p. 54-55.

Segundo Pierre Manent, é claro que, ainda que Homero preste honras tanto a Heitor, o herói troiano, quanto a Pátroclo, seu adversário aqueu, sua apreciação dos dois campos difere sensivelmente. As imagens utilizadas para descrever os dois grupos, as modalidades da tomada de decisão, e, finalmente, as relações homens/mulheres são nuançadas de diferenças sutis de um lado a outro da famosa muralha: um partido é tomado; um julgamento se esboça. Ora, Troia parece a cidade do amor, ou, mais exatamente, a cidade de Eros. Ela é protegida pessoalmente por Afrodite. Três exemplos e uma observação para ilustrá-lo.

Troia, protegida de Afrodite

O primeiro exemplo se encontra no canto III, no qual, para encerrar o desastre, propõe-se um combate singular entre Páris e Menelau. A audiência de Homero ouvirá o julgamento dos troianos sobre seu herói favorito.

No início, Heitor não oculta sua repugnância por seu irmão caçula, Páris, "o dandi, mulherengo e subornador". Ao levar Helena, ao violar ao mesmo tempo as leis do casamento e da hospitalidade, fez o que há de mais grave entre aristocratas. Além disso, ainda que admita seu erro, é incapaz de reagir e de devolver Helena. Páris se entregou ao amor, mas ao amor erótico. Lembremos que cada uma das deusas lhe prometia um dom: Atená, a força guerreira, Hera, a soberania real; ele preferiu, com Afrodite, o leito de Helena. Aos olhos de Heitor, o irmão mais velho, o pai de família bem resolvido, isso é medíocre. Contudo, em Troia, a opinião de Heitor não prevalecerá sobre as distrações de Páris.

O que parece característico do espírito da cidade é que seus anciãos não o querem: "Não, eles declaram, não cabe culpar os troianos nem os aqueus de boas perneiras se, por essa mulher, eles sofrem males tão longos. Ela tem terrivelmente o ar, quando estamos diante dela, das deusas imortais…". Helena é *sexy*, os homens lutam por ela, tudo é normal: essa é a sabedoria de Troia.

Há, contudo, um pequeno mal-entendido, ou, mais exatamente, uma diferença de grau. Menelau não combate pela mulher como mulher bela e desejável, mas por sua esposa e por sua honra. De modo que os anciãos reduzem tudo ao desejo erótico porque sabem o que tem de irresistível, mas não distinguem a causa autêntica de Menelau. Em torno de Helena, contrariamente ao que afirmam os anciãos, as relações dos dois homens não são simétricas, troianos e aqueus de boas perneiras não se encontram no mesmo plano: Páris quer Helena sexualmente, Menelau a quer porque ele a desposou publicamente – sua palavra foi dada.

Segundo exemplo. Em seu combate singular com o rei de Esparta, é evidente que Páris será massacrado por Menelau que tem duas vezes seu tamanho. Afrodite intervém, então, para salvá-lo: ela oculta o guerreiro por trás de uma leve bruma, transporta-o para seu quarto para onde trouxe Helena, excitando-a o suficiente – a passagem é finamente comentada, sutil e sensivelmente erótica –, o que faz com que o episódio termine com estas palavras: "Vamos, vamos nos deitar e desfrutar o prazer do amor". Embaixo, na planície, todos, agora, estão prestes a se massacrar, e eis que os dois responsáveis pela carnificina vão traquinar no leito!

Compreendemos que a cidade está sob o poder de Afrodite, que a defende, com efeito.

Último exemplo. De Troia, conhecemos outro personagem emblemático: Dolon. Ele morrerá ignominiosamente no canto X da *Ilíada*. Homero se dá ao trabalho de nos esboçar rapidamente seu retrato: um jovem rico, rápido na corrida, mas de aparência pouco prazerosa. Um filho de família um pouco vaidoso, que queria compensar sua feiura. Seu traço mais importante é o seguinte: ele é o único filho homem, junto a cinco filhas. Um rapaz mimado por sua mãe e suas irmãs, pelas mulheres, em um universo onde a beleza é todo-poderosa, e que fará besteiras. Esse jovem presunçoso não só aceita a missão muito delicada imaginada por Heitor – espionar à noite o campo aqueu –, mas se recusa ser ajudado, não quer ter de dividir seu sucesso. Diante dele, em um paralelo muito significativo, Diomedes, o guerreiro mais puro da *Ilíada*, reclama a ajuda de Ulisses: ele tem medo de fracassar e sabe ser prudente pelo bem comum. O que segue, conhecemos: o queridinho de aparência decepcionante se disfarça sob peles de lobos – quanta ingenuidade – e será executado sem a menor glória (à noite: não se pode ver!) por Ulisses e Diomedes.

A ordem familiar troiana

Como escreve Pierre Manent, "os troianos se enredaram em uma ordem familiar e sexual sufocante". O indício e o resultado desse mal são a corrupção da faculdade de julgar. Jovens e velhos, todos se perdem, e quem conserva um pouco de discernimento não é compreendido. Que nos debates, Heitor, o herói, o melhor da cidade, não possa prevalecer sobre Páris, que se permita confiar a missão mais decisiva a um fantoche como Dolon, revela imediatamente a inclinação dos espíritos.

Ademais, a posição de Heitor não é isenta de fragilidades significativas. Eis o que diz Andrômaca: "Heitor, tu és para mim inteiramente um pai, uma mãe digna; para mim, tu és tanto um irmão como um esposo digno". Todas as modalidades fundamentais das relações humanas parecem assumidas pelo esposo perfeito; entre ela e ele, o amor é inseparável. Talvez essa identidade superlativa não escape de um certo excesso – nós temeríamos aí hoje a confusão. Andrômaca deveria desconfiar: Aquiles já matara seu pai e seus irmãos. A similitude que seu amor lhe sugere entre eles e seu esposo deveria parecer uma maldição.

> Os troianos nos oferecem o espetáculo de uma escravidão em cadeia: a nobre cidade de Ílion, Ílion de largas ruas, Ílion fustigada pelos ventos, é submetida à sua família real, a Príamo e seus cinquenta filhos. Esses chefes de Troia são eles próprios submetidos, apesar de si mesmos, ao homem menos digno de todos eles, Páris, o vaidoso de belos cabelos cacheados. E o próprio Páris, que não era um mau rapaz, é submetido a uma atração sexual irresistível. Uma cadeia de fraqueza, que corre ao longo da linha familiar e sexual, liga o destino de Troia a uma aventura erótica sem ilusão e sem nobreza[16].

Podemos encontrar uma causa para esse estranho poder de Afrodite sobre Troia? Chegamos aqui aos confins

---

16. MANENT, P. *Les métamorphoses de la cité*. Op. cit., p. 55.

do universo de Homero, onde toda explicação, toda inteligibilidade finda, ou podemos encontrar um critério que separa, antes dessa guerra terrível, a sociedade troiana da grega, um fato preciso que permitiria compreender o império de Eros?

Existe uma hipótese, fora das narrativas homéricas. Seria necessário remontar à origem e examinar o casal formado por Príamo e sua primeira esposa. Durante uma guerra anterior, Príamo, príncipe de Troia, foi vendido como escravo; é sua irmã que o resgata. Mais tarde, ele reconstitui sua fortuna ao esposar Hécuba, a filha de um rei da Frígia: em suma, ele deve seu retorno ao trono às mulheres.

Em seguida, ele constitui um tipo de família particular. Na Grécia, com efeito, conforme os relatos que nos chegaram dessa época, havia dois tipos de casamento. As fórmulas ferem simetricamente nosso sentido rigoroso de igualdade: um dos cônjuges parece sempre favorecido em detrimento do outro. Homero e seus contemporâneos parecem, contudo, preferir um.

Em um, a nora é "dada" em *kteté gynè*, ou casamento patrivirilocal[17]. É o casamento de Penélope com Ulisses; a filha deve abandonar o palácio de seu pai para se unir ao de seu esposo; na nova família, ela recebe o *status* de filha de seu esposo e irmã de seus filhos. Disposição relativamente pouco honrável para a esposa; mas, para o esposo, uma promoção certa. Tendo se casado, e conservando para

---

17. LEDUC, C. "Comment la donner en mariage". In: SCHMITT-PANTEL, P. (dir.). *Histoire des femmes en Occident*. Paris: Plon, 1991, p. 269-280.

si todas as considerações devidas à idade, o filho se torna, de um certo modo, o igual de seu pai. É esse equilíbrio, de homem a homem, que sugere o reencontro de Ulisses com Laerte, no canto final da obra.

Avaliemos a fórmula em relação ao outro tipo de casamento, preferido em Troia, onde Príamo reúne seus filhos: ele atrai para si seus genros, que se tornam seus subalternos. A posição da esposa é muito mais forte nesse tipo de união, o casamento dito *Gametè Gynè*. A mulher é a irmã de seu esposo, mas, de fato, ela o domina, pois ele se torna o filho e o subalterno de seu sogro. Não haverá independência para a célula familiar. A partir daí, o reino de Príamo, construído sobre essa grande tropa de tios, irmãos e cunhados, de irmãs e esposas, não parece, certamente, o de Agamenon sobre seus guerreiros.

É possível um casamento igualitário, que se libertasse de uma ou da outra ascendência? Não pressionemos a resposta, a pergunta é difícil. Seja como for, percebemos onde vai a admiração de Homero. Os troianos são capazes de grandeza, de beleza, mas não de distinção. Em razão disso, merecem perder e ser entregues à morte ou à escravidão.

No campo aqueu, a atitude dos homens para com as mulheres é diferente. Aquiles aprecia sinceramente a bela Briseida – sua queixa o prova. Ele a desposará se puder, mas ele a renuncia, quando necessário, quando Pátroclo morre. Ele deve vingar o amigo: aí está a exigência mais elevada.

Assim, a relação sexual é menos determinada pelo sentimento do que pelo dever. O mundo dos gregos, em relação ao do oriente troiano, parece mais duro, menos familiar, caloroso e sensual, mas é o de outra força, dessa vez uma força moral. As relações sexuais não são derrisórias, mas integradas em uma ordem superior, não são últimas. Afrodite tem poder, mas não é ela que tem o governo.

Pode-se escapar às esplêndidas violências de Eros e Tanatos? Como esperar e preservar uma realidade pacífica entre os homens e as mulheres? O segundo poema de Homero tenta uma resposta, ao contar o retorno de Ulisses ao lar e a pacificação de Ítaca.

3
Ulisses, Penélope, Telêmaco

O poema do retorno

Em toda sociedade, o retorno do herói é problemático. O guerreiro sempre é um ente difícil de reintegrar: ele transgrediu todas as interdições, dirigiu sua força contra todas as defesas habituais, excitou sua fúria. Como garantir o retorno à calma? Eis aqui um sério desafio.

Mas há ainda outro: em sua ausência, as coisas mudaram. Nada pode ser feito, independentemente da época ou do país; mesmo a mais virtuosa das esposas não pode impedi-lo. A própria Penélope deve sofrer a ameaça dos pretendentes. Como esses acolherão o retornado exausto? Outro perigo. Acessoriamente, no caso de Ulisses, um terceiro perigo compromete ainda mais esse famoso retorno: a cólera de Poseidon após o navegador perspicaz ter cegado seu filho, Polifemo. Ele necessitará de mais dez anos de errâncias antes que possa rever o solo de sua pátria.

Jean-Pierre Vernant descreve a *Odisseia* como a viagem iniciática que permitirá a Ulisses reencontrar a humanidade[18]. Ele reconhece em cada uma de suas provações – os sortilégios de Circe, as vacas do Sol, o apelo das sereias, o desejo de Calipso – todas as figuras de uma "supra" ou "infra" humanidade. O verdadeiro heroísmo de Ulisses não é tanto o de evitar o massacre de inumeráveis troianos ou de ter imaginado os estratagemas para conquistar sua cidade, mas sim o de ter atravessado todas as ilusões do poder e da morte para finalmente desembarcar em Ítaca, mais humano do que jamais.

O que encontramos quando encontramos nossa humanidade? Para onde retornamos quando retornamos desse campo de batalha sobre o qual, aos olhos humanos, as divindades imortais se mostram? Os velhos soldados vitoriosos ainda podem esperar alguma glória? Jean-Pierre Vernant se detém em uma das expressões mais significativas dessa passagem tão comovente na qual Ulisses chega, enfim, à sua ilha onde fica sabendo que está de volta à casa dos "comedores de pão"[19]. A dignidade da pessoa é trabalhar, fazer seu pão, nutrir-se com o suor de seu rosto, poder sacrificar: eis o que nos distingue ao mesmo tempo da animalidade e da divindade.

Essa resposta não nos parece inteiramente completa. Ela negligencia o desejo expresso por Ulisses ao fim do re-

---

18. "Toda a *Odisseia*, em um sentido, é a narrativa do retorno de Ulisses à normalidade, de sua aceitação deliberada da condição humana". Ver Jean-Pierre Vernant, "Valeurs religieuses et mythiques de la terre et du sacrifice dans l'Odyssée" (VERNANT, J.P.; VIDAL-NAQUET, P. *La Grèce ancienne II. L'espace et le temps*. Paris: du Seuil, 1991, p. 101-135, aqui, p. 109.
19. Ibid., p. 107.

lato: isso não se obtém com uma grande refeição e algumas libações sob a célebre oliveira de Atená.

Talvez, a ideia do herói burguesamente estendido ao lado de Penélope tenha podido parecer medíocre ou trivial, uma resposta ruim à pergunta que o grande sábio colocava: no fim, nem a sexualidade nem a ternura física são propriedades exclusivas do "que é humano". Parece-nos, porém, que a intimidade compartilhada aí merece um pequeno exame: nem os deuses nem os animais poderiam desfrutá-la. O face a face dos esposos poderia ser um ápice de humanidade.

Esse face a face deve se realizar em um lugar ornado de um prestígio esquecido, lugar que é ao mesmo tempo a encarnação e a condição da autêntica plenitude humana em Homero. A palavra "lar" não parece mais ter grande apelo hoje; só a compreendemos em uma única expressão, pejorativa: "mulher do lar" é um triste destino ou uma escolha indigna. E dizemos por que: o masculino não existe. Não se diz "homem do lar". A discriminação sexual da humanidade procederia inteiramente do lar tradicional.

Contudo, é necessário esclarecê-lo: não podemos compreender a *Odisseia*, nem a maior parte das obras ulteriores, sem tentarmos entender a casa, a habitação, o lugar de acolhimento e repouso, sem prestarmos atenção aos cuidados de Andrômaca que manda preparar banhos quentes para o retorno de seu esposo, sem compreendermos corretamente a queixa de Ulisses que todo dia chora pela "doçura do lar" porque é nesse lar, e somente nele, que repousa e se verifica a dupla dignidade do homem e da mulher. Vamos examiná-la.

Dignidade igual?

Para Homero, a questão teria parecido absurda. O que funda uma dignidade nessa Grécia arcaica? As coisas mais concretas do mundo: refeições e tumbas. Sacrificar-se ao deus para compartilhar os bens da terra, eis o ápice da vida grega. É um gesto coletivo do qual as mulheres não são excluídas: no momento em que a besta colapsa sob o punhal, seus gritos saúdam a presença do deus. E, então, o animal do sacrifício é cortado em partes iguais que são degustadas conjuntamente; nada indica que as mulheres não provem também.

O segundo componente da dignidade é a memória, que presumimos pelas tumbas honradas regularmente. As mulheres também são enterradas; são elas que cuidam dos corpos dos defuntos. Mas, e é aí que a discriminação intervém: quem narra a memória, de quem nos lembramos? O campo de batalhas, onde ocorrem os fatos elevados da história, é, sem surpresa, um lugar exclusivamente viril – o ventre precioso das esposas de belas cinturas não poderia ser exposto na planície sangrenta, diante da muralha das cidades. Com certeza, esse ponto faz toda a diferença, uma vez que é a guerra que faz os reis. É após a batalha, na divisão do espólio, que se medem as dignidades: cada um servido conforme seu ranque. Aí, as mulheres nada escolhem, são elas que são escolhidas, expostas em meio aos cavalos, os objetos de prêmio, os utensílios confiscados.

De qualquer modo, vamos convir que a obra homérica é mais do que uma simples crônica de guerra. A parte desempenhada pelas mulheres, por parecer muito exígua, merece que precisemos seu valor. Examinemos as coisas com mais atenção.

O mundo grego é organizado sobre uma escala bem simples. No alto, os deuses imortais, que podem e fazem tudo. Embaixo, os mortos, que nada mais podem e nada mais fazem. Entre eles, sobre o solo terrestre, os humanos, que fazem o que podem, e nem sempre bem, uma vez que os deuses lhes ocultam o que faz a vida valer a pena.

Entre os três níveis, Homero coloca as mulheres em estágios intermediários. Menos que uma deusa, um pouco mais que um homem, Helena aparece sobre as muralhas de Ílion para responder as perguntas do rei e de príncipes. Penélope, "a mais sábia das mulheres, do alto do patamar, compreendia a narrativa inspirada": é sua primeira aparição na *Odisseia*; esse patamar tem vista para a grande sala onde os pretendentes se encantam com os relatos de um aedo. Na hierarquia dos entes, a criatura feminina está bem no alto, em um nível, aliás, perigoso para o homem: vejam Elpenor, um companheiro de Ulisses, que subiu no terraço de Circe; bêbado, ele cai e quebra o pescoço.

Mas, quando as mulheres excelentes se unem aos homens sobre a Terra, encontram-se em uma posição claramente subalterna. Assim, Penélope, que desce para pedir ao aedo que não conte essas histórias de infortúnios "em que seu coração é torturado", é repreendida por seu filho, que, diante de todos, lhe inflige uma lição de boas maneiras gentil, mas firme[20]. Todavia, essa é a heroína; para a bela Briseida e para tantas outras, a sorte será a da escrava que tem de ir de um leito a outro. Elas podem menos, elas fazem menos, elas são menos.

A observação foi apresentada de antemão: as mulheres não estão "no nível", há muita dissimetria e desigualdade entre os sexos. Homero protestaria, sem dúvida, afirmando que a questão está mal colocada, que a ordem primitiva já está instável, que a ordem social restringe todos – diante dos tribunais atuais, receia-se que a objeção permaneça sem resposta. Porém, a visão do velho cego é mais profunda do que isso. E, se aceitamos ouvir sua narrativa até o fim, se tentamos delimitar a dignidade de Penélope, poderemos admirar o trabalho das mulheres no mundo.

Observemos, inicialmente, que, quando Ulisses entra em seus aposentos, Homero situa Penélope diante dele como seu exato *alter ego*, não menos tenaz, astuta nem sutil do que ele. Todos conhecem seu truque mais famoso, mas recordemos que, mesmo após o massacre de pretendentes, um acontecimento que, para qualquer outro, constitui uma prova clara da verdadeira identidade desse estrangeiro, ela não hesita em testar de novo o senhor da casa antes de lhe abrir seu quarto – é a última prova de Ulisses.

O estratagema que ela imagina é digno dos melhores truques de seu astuto esposo. Diante dele, ela pede a sua criada que mova um leito que apenas Ulisses e ela sabem ser irremovível. O jovem esposo, no início de seu casamen-

---

20. *Odyssée*. Op. cit.

to, construiu-o diretamente sobre o tronco de uma oliveira que crescera ali. Ao ouvir essa ordem, Ulisses certamente protesta. Entre os amados, o leito é a prova; mesmos segredos, mesmos hábitos; a criada nada compreende, eles se entendem imediatamente.

Esse ponto é notável: não é como mãe de Telêmaco, como "genitora", que Penélope recebe louvores, mas como a outra, igual, de Ulisses. Mas, então, se não é exclusivamente a maternidade que distingue a mulher, como é marcada a diferença entre elas? Penélope é verdadeiramente a outra de Ulisses, ou somente a mesma com alguns detalhes diferentes? Se não é a aparência, o que faz a divindade das mulheres? Há, finalmente, uma diferença "verdadeira" entre homem e mulher, uma diferença não superficial, que diga respeito a outra coisa que não à pilosidade ou à disposição dos órgãos genitais? Existiria uma atitude que só pertencesse a um ou a outro? Ou será que a verdade do casal consistiria em ultrapassar toda distinção, em alcançar um ponto no qual, compartilhando tudo, assemelham-se em tudo? Se tentarmos traduzir essas questões em um vocabulário atual: a heterossexualidade seria uma homossexualidade que ignora a si mesma?

O trabalho feminino

Retornemos, portanto, a Penélope e à sua essência na narrativa: senhora da casa. Não a guardiã, mas a senhora desse lar pelo qual Ulisses se lamenta. Enquanto os homens supervisionam os trabalhos exteriores, a mulher domina no interior da casa (o latim *domina* dará o francês "dama" (dona) – é necessário escutar as palavras).

Aqui, é a esposa que acolhe os visitantes. Nós a vemos preparando os banhos, as refeições e os leitos, ela fia e tece com seus servos, ela guarda a chave do cofre onde estão estocados alimentos e reservas de metal.

Por que queremos ver essas tarefas como sujeições indignas? É mais valioso quebrar crânios ou revolver a terra incansavelmente?

Que essa tarefa não seja prosaica, mas heroica, Homero o disse da maneira mais decisiva possível. Se a qualidade de um trabalho pode ser avaliada pela força de vontade que ele exige, podemos dizer que a mulher trabalha, e que ela produz uma obra particularmente eminente. Pois o lar é tão ameaçado dentro quanto fora. Na grande sala da habitação, forças hostis se ligam contra ela, a horda dos pretendentes devora e espera se apropriar de tudo. Se atingem seu objetivo, Ulisses será para sempre um homem perdido, um exilado perpétuo sem lar nem lugar; ele não reencontrará seu pai, nem seu filho, nem as tumbas que fazem a memória e o renome. Ser, em toda parte, apenas um estrangeiro anônimo, jamais ouvir de novo seu nome próprio pronunciado pela boca de outros: eis o infortúnio supremo que espreita o vagabundo.

Para esse, aqui ou alhures, é a mesma coisa: o amanhã sucede o hoje sem mudança, o que quer que se faça, felicidade ou infelicidade permanecem ignorados por todos. Inútil construir ou prever, tudo o que conta é a próxima refeição. É essa indiferença que Penélope anula.

Em algum lugar, uma mulher espera pelo homem perdido. Sem essa figura distante, exclusiva, patética, não haveria senão extensões insignificantes. Com ela, o mundo recebe um polo e um calendário, uma rota e uma demora. Certa vez, a mulher ofertou ao homem uma intimidade única. Dali em diante, toda partida envolverá um retorno; toda posição, uma distância, a exploração e o conhecimento se tornam possíveis.

O lar produz, portanto, uma geografia. Mas não seria uma tarefa passiva demais somente habitar um lugar, quando outros conhecem as alegrias do turismo? Recordemos que Penélope tece durante todo esse tempo uma mortalha para seu sogro, esse invólucro no qual o corpo do homem será um dia sepultado. É um fio que ela trama de dia, que ela desfaz à noite, sem o conhecimento dos maus. Assim, fazendo e desfazendo sem trégua, ela faz o episódio durar. Ela oferece tempo a seu herói. Essa vigília heroica produz a demora do famoso retorno, a fim de que o guerreiro supere os fantasmas ligados à fúria de Eros e Tanatos, para que o homem se acorde e retorne à realidade, para que o esposo retorne ao lar. Penélope sofre em sua carne as peregrinações masculinas, ela é a educadora do homem; não que lhe mostre o caminho, mas ela oferece a possibilidade de um caminho, uma vez que é ela que garante a permanência do mundo.

É nesse sentido que devemos compreender seu papel de senhora da casa. Muito além da tarefa gestionária, ela preserva esse lugar único onde o retiro é possível, onde é permitido se recuperar e escapar aos encantos e maldições das aparências, do instante presente. Dizendo isso, que o trabalho feminino é o mundo, não estamos atribuindo demais à mulher? O homem pode ainda se comparar a uma criatura que o dá à luz e que sustenta o mundo diante dele?

A glória de Ulisses

O herói da *Ilíada* é Aquiles, sem dúvida. Mas o personagem mais admirável de Homero, o mais humano e o maior dessa prodigiosa galeria de retratos, é inegavelmente Ulisses. A que se deve sua perfeição? Homero nos revela com uma notável simplicidade desde sua primeira evocação.

Estamos na muralha de Troia, onde Príamo pediu a Helena que lhe escolhesse os melhores guerreiros na tropa inimiga que estava a seus pés. Da parte da esposa de Menelau, cada guerreiro grego recebe um elogio preciso; com relação a Ulisses, é Antenor, um dos príncipes de Troia, que conta seu primeiro encontro com ele durante uma antiga incumbência. Eis o que ele diz.

Sua aparência não era cortês: "Quando o industrioso Ulisses, por sua vez, erguia-se, permanecia ali, ereto, sem levantar os olhos, que mantinha fixados na terra; ele não mexia o cetro, nem para a frente nem para trás, ele o tinha imóvel e parecia não saber o que dizer. Tu crerias ver um homem aborrecido ou que, simplesmente, perdeu o espírito". Eis uma descrição muito boa daquele que se concentra e por isso "entra em si". E o resultado desse esforço é o seguinte: "Com esforço, quando deixava sua grande voz sair de seu peito, com palavras caindo semelhantes aos flocos de neve no inverno, nenhum mortal podia mais lutar com Ulisses, e dali em diante pensávamos menos em admirar sua beleza"[21].

Em um mundo entregue às tiranias da aparência, no qual a beleza das mulheres ou o corpo esplêndido dos guerreiros garantem os únicos triunfos que valem, Ulisses não tem muito, mas exerce uma autoridade inédita. Quando faz ouvir sua voz, todos escutam. E é assim que ocorre na ilha dos feácios, onde chega esse pobre náufrago, extenuado, com o corpo devastado pelo sal das ondas: assim que lhe é dada a palavra na corte do Rei Alcino, o barqueiro dos deuses, ele subjuga a assembleia.

No resto da história, é ele que brinca com as aparências, e que muitas vezes as frustra – seu famoso cavalo sendo apenas o exemplo mais célebre dessa estranha disposição –, é aquele que considera menos as coisas visíveis do que as invisíveis.

Nisso, Ulisses é perfeitamente estrangeiro ao mundo troiano. Insistamos, todavia, e marquemos tão claramente quanto possível o contraste entre Ulisses, o homem da fala, e a sociedade troiana. Em Troia, tanto na cidade quanto na planície que a cerca, tudo é essencialmente visível e suntuoso. As descrições da *Ilíada* – entes, paisagens, cidades, navios, rios, armas – suscitam uma extraordinária emoção estética. E isso não é tudo: esse mundo tão pleno de encantos tem a faculdade de se decompor e de se recompor conforme as necessidades. Quando um evento ameaça a ordem, uma divindade oportuna intervém para eliminar o que perturba: aqui, Afrodite; lá, Ares ou Apolo. Esse mun-

---

21. *Iliade*. Op. cit., p. 85.

do é uma aparência esplêndida, mas muito fraca. Por trás dela, os deuses se agitam e decidem, sem que nada se possa fazer. Os troianos que vivem inteiramente nessa superfície são incapazes de, como Ulisses, abstraírem dela para dissimular, disfarçar, buscar a ilusão.

O mundo de Ulisses é dotado de uma profundidade: além-mundo ou outro mundo para o qual é possível aceder, ao preço de uma certa paciência. A *Odisseia*, sob imagens fabulosas, evidentemente mais fantásticas do que as crônicas da *Ilíada*, é, de fato, muito mais humana e, ousamos dizer, mais racional. Os caprichos dos deuses têm nela uma parte menor. A viagem de Ulisses é uma jornada através de aparências para alcançar uma verdade de seres.

Esforcemo-nos para precisar esse caso. Ulisses ora, medita e se deixa inspirar pela própria Atená. Ele não habita o mundo natural, ele se habita, em algum lugar em seu castelo interior, o que chamaremos mais tarde a morada da alma. Eis, sem dúvida, o que lhe permitirá atravessar os sonhos e pesadelos do fluxo das aparências, todas as miragens da inumanidade: o bom uso da fala, de uma fala refletida nele mesmo, a partir desse isolamento inviolável no qual ele encontra refúgio e onde os deuses vêm inspirá-lo.

Enquanto a *Ilíada* é tecida por relatos de batalhas, a *Odisseia* coloca em cena personagens que contam e interrogam. O retorno à humanidade, a socialização do guerreiro, é, desde o início, o diálogo recuperado. Diálogo muito difícil: "Estrangeiros, como se chamam? De onde nos vêm vocês sobre a rota das ondas?", pergunta Polifemo, o ciclope. E, após se nomear "Ninguém" para interromper e escapar ao monstro, Ulisses deverá esperar dez anos antes de ouvir seu nome de uma boca familiar. O nome apenas, portanto, não é suficiente: a identidade é feita de histórias, de relatos compartilhados.

História e memória

Apreciemos um instante um dos exemplos mais emocionantes do poema. Enfim, Ulisses colocou o pé sobre Ítaca. Atená, sua protetora, disfarçou-o para protegê-lo da punição dos pretendentes ou de seus espiões. Ele encontra refúgio na casa de um empregado de sua casa, Eumeu, o porqueiro, que lhe oferece a hospitalidade devida aos estrangeiros. Caiu a noite, o trabalho feito, o porqueiro diz o seguinte:

> Eis as noites sem fim que deixam o lazer para o sono e para o prazer as histórias; antes da hora, é melhor não ir para a cama; é fatigante também dormir demais... Vocês, se o coração lhes diz isso, coragem! Vão dormir em outro lugar! Tão logo amanheça, tomem café, reúnam as porcas e as sigam! No alojamento, nós dois, vamos beber e nos banquetear! E, para nos divertirmos, vamos trocar males e penas! À distância, os males divertem os homens... Escuta, tu que queres saber e me interroga[22].

Eis a sociedade humana: reúnem-se na sombra da noite e tomam tempo para evocar suas lembranças para "trocar os males e penas" – que outro meio de unir os corações? É bem isso que se produz, nas próprias declarações de Ulis-

---

22. *Odyssée*. Op. cit., p. 312-313.

ses: "Ah, Eumeu! Meu coração ergue-se em meu seio diante desse relato de males que tua alma sofreu!"

E o que aprendeu, o senhor verdadeiro, ao escutar seu porqueiro? Esse é, de fato, um filho de rei, sequestrado muito criança por um escravo em fuga. Ele jamais soube! Assim, o exercício da memória devolve a cada um sua dignidade nativa. No lar do vaqueiro real, Ulisses e Eumeu desfrutam uma parceria na qual não cremos: eles atingem um estado no qual, de fato, são abolidos os poderes.

E é muito surpreendente, quase cômico, pois nem o contexto geral nem a situação da partida anunciam essa sinceridade – Homero é tudo, menos ingênuo. A situação da partida é quase militar: trata-se de empreender a ofensiva mais arriscada, na relação de força mais desfavorável possível. O vagabundo deve retomar, praticamente sozinho, o palácio e a ilha inteira das mãos da tropa de pretendentes, filhos de famílias poderosas, e isso sem saber com quem poderá contar nessa iniciativa insana. Eumeu, por sua vez, também não é cândido: tantas vezes enganado, não crê mais nas histórias, nada quer ouvir sobre Ulisses, o antigo senhor desaparecido, tão lamentado.

Contudo, nesse contexto altamente crítico sobrevém entre os dois homens o milagre da amizade. Não é supérfluo indicar a pergunta em torno da qual isso se produz. Uma vez garantida a segurança, a "vontade de saber" de Ulisses, até então certamente similar a uma "vontade de poder", purifica-se repentinamente.

A última questão sobre a infância de Eumeu ("Oh! Miséria! Tu, então, começaste muito criança a vagar tão longe de tua pátria, de tua família?", pergunta-lhe o herói que abandona a estratégia. Ulisses não tem necessidade alguma de saber isso; desinteressa-se de si, interroga por compaixão, interessa-se por seu interlocutor, sonda uma época sem vínculo com a situação presente. Por um instante, Nietzsche olha para o outro lado.

Então, como, em meio às trevas, um simples lampejo traz de volta a esperança aos desgarrados; uma comunidade íntima se ergue entre esses pobres exilados. Nenhuma ingenuidade há nessa efusão. Nenhuma sentimentalidade fácil há nessa conciliação momentânea do pobre e do rico, do senhor e do servo. Após essas belas falas, Ulisses permanecerá um indigente acolhido por um homem aparentemente de melhor sorte. Uma vez revelada a verdade, Ulisses, o aristocrata, continuará a comandar; e Eumeu, a obedecer. Ulisses ainda aceitará o princípio dos deuses; nem ele nem os seus reclamarão sua "autonomia". De uma maneira ou de outra, eles se declaram todos e sempre, súditos.

Porém, os dois homens terminaram por baixar a guarda, compartilhando seu segredo último. Eles desfrutaram, de uma certa maneira, desse tesouro que já mencionamos, ao qual Heitor, lembremos, escolhia consagrar sua vida: a memória das grandes ações – memória, aqui, da "miséria" superada por Eumeu. A situação é nova, extremamente interessante, mas saberemos apreciá-la? Podemos crer no que Homero nos conta? Podemos, após nossa Pós-modernidade, a anos-luz de tudo isso, levar Eumeu a sério quando diz de Ulisses, seu superior e seu rei: "Dentre todos ele me amava; eu tinha um lugar em seu coração; apesar de estar longe, ele tem um só nome para mim: é o grande irmão!" E podemos crer nas exclamações de Ulisses diante de seu subordinado: "Eumeu, que Zeus, o pai, ame-te como te amo!"

É necessário colocar essa questão, pois, da resposta que dermos a ela, todo o resto deriva. Em suma: assistir às efusões de uma amizade verdadeira sem que a hierarquia seja contestada, aceitar que senhores e servos discutam como irmãos sem que a ordem social seja discutida, crer que essa fraternidade não é um estratagema do senhor nem uma complacência do servo, isso equivale a admitir que a antiga ordem da heteronomia – com seus riscos reconhecidos – não é inteiramente inviável nem indigna.

Ao contrário, inclusive: talvez nós, soberanos perdidos do reino da fala, também amemos ouvir, ao entardecer, o ronco sem fim das porcas satisfeitas em seus cercados e Eumeu apostrofar: "Mas, e tu, meu velho, falta agora nos contar tuas aflições…".

Nessa pequena cena, anterior à grande cena dos reencontros, os humanos reconhecem somente uns aos outros, são "reconhecidos". Essa noite com Eumeu anuncia outra, fértil em narrativas comoventes, dessa vez, com Penélope.

O término da viagem

Esse será o verdadeiro término da viagem: a história completa, narrada um ao outro, reconstituída.

> Enquanto Telêmaco, Eumeu e o vaqueiro […] dormem na sombra da casa, os dois esposos desfrutam os prazeres do amor, e depois os encantos das confidências recíprocas. Ela lhe conta, essa mulher divina,

tudo o que essa casa experienciou [...]. O descendente dos deuses, Ulisses, narra-lhe os desgostos que provocou aos inimigos, e depois sua miséria e todas as suas travessias. Ela o escuta maravilhada, e o sono só vem cerrar suas pálpebras quando ele termina de contar tudo[23].

Aqui, surge uma questão: qual é o privilégio de Penélope sobre Eumeu, o divino porqueiro, o filho de rei? Entre o homem e a mulher, o esposo e a esposa, existe uma troca específica, irredutível à livre-conversação dos amigos? É necessário crer que sim, pois Ulises deseja apenas isto: é a confissão que ele faz a Calipso, a ninfa que o ama a ponto de querer com ele partilhar a imortalidade, enquanto ele passa seus dias a chorar sobre seu rochedo.

Por que a conversa de Penélope seria mais profunda ou mais decisiva do que a dos comensais habituais? Não é mais proveitoso, afinal, conversar como Ulisses com Eumeu, ou como Sócrates com alguns camaradas alegres em torno de uma grande taça de vinho, em vez de no leito com uma única companhia?

A resposta é evidente: a esposa só sabe a história do lar. Só ela pode testemunhar o esforço e a dor a que se submeteu, e receber em troca a única resposta que tem valor em si mesma, a alegria do esposo. Sobre o leito, lugar do abandono e do segredo, eis o homem e a mulher "nivelados" na confidência e no sono. Suas memórias correspondem uma à outra, de uma correspondência exclusiva: somente a reunião dos dois constitui plenamente a *Odisseia*. A histó-

---

23. Ibid., p. 447.

ria de Eumeu, apesar de comovente, não poderia concernir a Ulisses do mesmo modo que os episódios que Penélope conta só para ele, e reciprocamente.

A história de Ulisses só pode terminar com Penélope: ela é como o "outro lado" da história, sua trama fundamental – não podemos conhecer as façanhas de Ulisses sem admirar a de Penélope. Finalmente, é por sua mediação que o homem encontra seu filho e seu pai: a mulher lhe dá acesso à longa história da genealogia, outro relato, o único capaz de integrar corretamente suas façanhas glorificando--as em sua justa medida. Por sua vez, o homem estabelece a mulher sobre seus domínios, faz dela uma rainha. Um pelo outro, um com o outro, eles têm, desse modo, um aspecto divino.

Heterossexualidade

Recapitulemos o propósito homérico. Na intimidade do lar, colocados juntos no mesmo nível, o homem e a mulher se falam e intercambiam o que para os mortais tem o mais alto valor: a memória. A descendência que deles resulta poderá nomear e honrar seus pais. O nome do pai, e, por ele, a legitimidade da descendência, o acesso aos bens da terra, um certo conhecimento de si: essa é a glória da mulher, glória que irradia para seus filhos. A glória do homem é a sequência das gerações e a história continuada, a palavra garantida. Nesses bens reside a tarefa da heterossexualidade, tarefa épica, aventurosa, espiritual não menos do que social.

Compreendemos, com efeito, que a poderosa visão de Homero situa a heterossexualidade muito além das meras necessidades biológicas da reprodução. Nessa imponente ordenação do mundo humano, o lar parece também, para o homem e para a mulher, uma figura da interioridade, esse lugar a partir do qual é possível, pela memória, pela inteligência, pela vontade, organizar a resistência contra as forças terríveis que percorrem o universo – Eros e Tanatos.

O lar doméstico é ao mesmo tempo a figura e a condição de existência do lar espiritual; entre os dois, a correspondência é sólida. É porque jamais perde de vista o quarto conjugal e a lembrança de Penélope que Ulisses reflete, age e persevera, que se torna dócil à sabedoria de Atená quando a deusa vem lhe inspirar com palavras de salvação. Ulisses não é uma força errante pelo mundo como o bando de piratas ou guerreiros que pilham os domínios; ele é um homem constituído porque ele pode falar para si do que deixou para trás: Penélope, esposa fiel, abrigo inviolável.

Entre eles, Telêmaco é inteiramente o fruto e a condição de sua relação. Se não houvesse filhos, não haveria vitória. Homero enfatiza pouco a genealogia. Os especialistas parecem concordar em afirmar que o canto XXIV, durante o qual Ulisses vai visitar seu pai, é um acréscimo ulterior. Mas é muito certo que ele não teria retomado seus direitos sem a ajuda de seu filho: em Ítaca, aparentemente, é necessário um Telêmaco para dispersar o bando de maus. A mulher oferece uma posteridade, mas o homem não acederá à esposa sem o seguro do filho – a imagem é profunda. O filho, enfim, recebendo o testemunho de seu pai, garante que as façanhas de Heitor, a doação trágica do herói sobre o campo de batalha, a possibilidade radiosa e frágil de um gesto puramente gratuito, não serão esquecidos.

Concluamos: a heterossexualidade só encontra seu sentido primitivo na fecundidade biológica. Sem essa fecundidade o fenômeno heterossexual não pode evidentemente ser compreendido. Todavia, a heterossexualidade não poderia se resumir ao encontro com o "outro gênero", a uma relação sexual procriadora. Cabe falar de "fenômeno" heterossexual integrado em uma heteronomia mais geral.

A heterossexualidade, em Homero, designa uma mediação ativa: o fato de se receber de outro o que não se pode dar a si, ou seja, simultaneamente, uma posteridade e um lar. Essa recompensa põe fim à errância do guerreiro, à disponibilidade pública da mulher.

A heterossexualidade aparece, portanto, como o esforço de uma vida, uma tarefa rude, talvez heroica, pela qual a heteronomia pode ser assumida. Graças a ela, Eros e Tanatos não serão os únicos vencedores da história; ela oferece a expectativa de uma conjugação cósmica de esperanças e ações.

4
Violências da ordem conjugal

Falocracia?

A edificação desse famoso lar conjugal supõe uma disciplina severa, a paz que se prepara nele se paga com renúncias amargas. A primeira dessas renúncias nos salta aos olhos: a distinção de papéis é sempre uma discriminação; ela parece, inicialmente, sempre arbitrária.

Penélope poderia lastimar não servir Ares. Páris e a humanidade viril teriam do que se lamentar por tropeçarem muito seguidamente nas leis de Afrodite. A humanidade não se pertence: eis o que pensam os gregos, que acreditam nos deuses. Mesmo que o caminho da divindade não esteja inteiramente interditado aos comedores de pão, essa rota é árdua para todos.

Incontestavelmente, é a mulher que arca com a restrição mais sensível. Não esqueçamos a célebre réplica de Telêmaco à sua mãe: "Vai! Entra em casa e retoma os trabalhos, a tela, tua roca; [...] o discurso cabe a nós, os homens, mas a mim em primeiro lugar, que sou o senhor desta casa". E eis a mulher relegada aos bastidores do palácio, proscrita da "grande" história. Essa terrível sentença se confirma amplamente no que sabemos da história da Grécia antiga.

> Menos infelizes os rapazes
> do que as pobres moças.
> Eles têm bons companheiros
> a quem sua tristeza confiar.
> Quando seu coração está sofrendo,
> eles têm os jogos para esquecer,
> E quadros de imagens
> e nas ruas eles passeiam.
> Mas nós, as pobres moças,
> devemos permanecer na sombra,
> E permanecer nos fundos das casas,
> consumidas em nossas ideias sombrias[24].

O gineceu da época clássica pode passar por um tipo de prisão; as mulheres honráveis raramente deveriam sair dele. Não se quer vê-las nem ouvi-las: é mais ou menos o sentido da exortação de Péricles no fim de sua famosa oração fúnebre de 431. Prestando uma longa homenagem aos soldados mortos durante a primeira campanha da Guerra do Peloponeso, ele fala interminavelmente da cidade de Atenas e termina com uma única palavra concernente às mulheres: "Se me é necessário também fazer menção às mulheres reduzidas à viuvez, exprimirei todo meu pensamento em uma breve exortação: toda sua glória consiste em não se mostrarem inferiores à sua natureza e em fazer falar nelas o menos possível entre os homens, tanto bem como mal"[25].

---

24. Agathias le Scolastique, In BRASILLACH, R. *Anthologie de la poésie grecque*. Paris: Stock, 1950, p. 318.

25. Tucídites. *La guerre du Péloponnèse*, livro II, capítulo XLV.

A sociedade grega raramente é mista. Por vezes, é: no teatro, por exemplo, ou durante cerimônias religiosas, isso não é pouco. Mas, talvez com Solon, quando a distinção essencial entre espaço privado e espaço público se definir, quando nesse segundo círculo surgir a política, as mulheres dela estarão sempre rigorosamente excluídas. Nenhuma mulher magistrada, nenhuma mulher na assembleia. A causa é entendida: elas não têm direito à palavra. Ora, é falando que se aprende a falar, é exercendo sua capacidade que se a ganha. Reduzir ao silêncio, de fato, é reduzir à imbecilidade.

Poderemos admirar os retratos femininos que ornam o poema homérico, analisar o heroísmo dessa ou daquela, poderemos demonstrar que as dignidades aí são de fato também amplamente distribuídas de um sexo ao outro. Mas o fato é que é sempre um homem que faz essas distribuições falando em primeiro lugar a outros homens; e que ninguém parece se ofender com isso, nem as mulheres nem o próprio Homero. Como não lamentar que jamais ouvimos uma mulher honrar os homens como o homem honra aqui as mulheres? Como uma discriminação assim não seria uma desqualificação, sobretudo quando conhecemos a sequência da história?

E essa terrível divisão aparece mais dolorosa ainda quando nos lembramos do gênio singular de Homero, que tem em seu senso de justiça, na equanimidade, essa capacidade de apreciar cada um segundo sua humanidade própria. O poeta, capaz de nos emocionar com a mesma força relatando a sorte de quem quer que seja, do menor escravo ou do maior guerreiro da história, esse artista incomparável, não teria visto ou compreendido a flagrante injustiça que é feita às mulheres em relação aos homens. Que devemos pensar disso?

Estamos aqui em boa posição para colocar o problema, esse problema que tortura nossa época. Ou então a imensa multidão de homens e mulheres, privados do esclarecimento da razão progressista, permanece estúpida. É uma hipótese a que, de um certo ponto de vista, não falta consistência; ela justificaria a postura revolucionária de que deveríamos nos livrar de todas as amarras com os tempos passados. Se o apagamento das mulheres é o preço necessário a pagar pela inscrição na história longa e épica, ao modo antigo, mais vale abandoná-la.

Ou então os pontos de referência são diferentes e outra inteligência está operando. Para termos uma chance de abordá-la, seria necessário sair de nosso individualismo visceral, aceitarmos nos perder para encontrar outra coisa e de um modo diferente de nossas vias habituais – isso não garante, porém, que esse outro seja melhor. Nosso único desejo aqui é entender melhor Homero.

Para isso, não devemos perder de vista que nossos protestos concernentes à discriminação entre os sexos são os mesmos que a sociedade industrial, e somente ela, faz contra todas as outras sociedades humanas, praticamente sem exceção, depois da invenção do fogo. Eles só podem ser entendidos em um contexto econômico muito particular, a partir de um tratamento global ambicioso, revolucionário, do trabalho e da sexualidade – nós os descreveremos mais tarde. De outra forma, podemos estimar que esses protestos colocam de antemão ao menos uma reticência, se não uma recusa, implícita ou deliberada, de considerar a sexualidade pelo que ela primitivamente é: um gesto comum de procriação. Ora, enquanto a fecundidade do seio feminino for considerada acidental ou insignificante, essencialmente compreendida como uma modalidade médica, não será possível ler as obras do passado com inteligência, e continuará sendo impossível compreender o que a palavra "lar" significa, e apreciar o tipo de honra que a mulher podia lá receber.

Após esse afastamento cultural, digamos que a desigualdade foi percebida. Até nessa Grécia dita "arcaica", a dificuldade da sorte das mulheres foi mencionada, acabamos de vê-lo. A falocracia, se não foi tematizada nem denunciada, é finalmente percebida – o teatro de Aristófanes poderia ser uma prova dela. Além disso, nem a criatividade política nem a audácia reformadora faltaram aos gregos; apostemos que os homens e as mulheres da Antiguidade não foram mais estúpidos do que nós. E, contudo, devemos constatar que esses ancestrais não decretaram a revolução.

Vamos propor, portanto, outra hipótese, imaginando que homens e mulheres, juntos, se sentissem presos em uma iniciativa geral, com certeza rude e coercitiva, mas, no fim, enriquecedora, por vezes, apaixonante, talvez, mais radiante do que supõem nossas lutas atuais; a oposição societal, a reivindicação recorrente de novos direitos, o exercício intenso de suscetibilidades. A hipótese formulada aqui, portanto, é que a vida familiar, o envolvimento determinado na aventura da heterossexualidade, como acabamos de descrever, esse projeto comum pôde parecer mais valioso do que outras tentativas, não necessariamente ignoradas. Uma vez mais, Homero é capaz de apresentar duas sociedades distintas em torno da questão sexual.

Podemos supor que o que nos parece tão decisivo, tão doloroso, parecia-lhes secundário, ao menos sem gravidade real? Podemos conceber igualmente que Ulisses, Penélope e seus contemporâneos lamentassem mais de um aspecto de nossa vida na sociedade ocidental? Talvez, em nossa riqueza, eles discernissem certas indigências às quais estamos habituados, às quais nos tornamos insensíveis.

Observemos, portanto, na produção de Homero, que, nas condições sociais e políticas de seu tempo, ele fez o retrato mais digno possível da mulher e da esposa. Embora lhe atribuindo um papel preciso, colocou-a em uma contrapartida exata do esposo. Podemos denunciar esse destino exclusivamente conjugal, mas uma vez mais, ninguém imagina na época uma vida fora do destino biológico. E, continuemos um pouco mais, com uma última observação, que apreciaremos como pudermos.

Nosso autor, por mais arcaico que seja, jamais é vulgar. No que se refere às relações sexuais, jamais encontramos nele a menor alusão a uma concepção depreciativa de um sexo em detrimento do outro – mulher-objeto, pulsão de estupro, sadismo ou possessão brutal, o tipo de imagem ou de fala que se tornou corrente na pornografia e na música contemporâneos. Algumas cenas um pouco grosseiras ocorrem entre os deuses da *Ilíada*, mas são observadas com a distância do Olimpo. Ali, as mulheres (Hera) se mostram sob a luz mais simpática, sem qualquer detalhe cru. Essas cenas, por mais realistas que fossem, são, no fim, psicológicas e morais, empregando os recursos da concupiscência e da vergonha.

Isso não nos fornece uma informação sobre a sociedade que produz e aprecia esses textos? Os códigos sociais não são neutros. Nós, que nos esforçamos para banir certos comportamentos e promover outros, sabemos muito bem. Aqui, eles parecem claros: às pessoas muito elevadas não aprazem as descrições genitais, as visões obscenas, o cinismo das relações íntimas, violentas e degradantes.

Do mesmo modo, nessa reserva que Homero mostra, podemos admirar uma elegância moral. Aos partidários da pornografia, isso poderá parecer vão ou hipócrita: para desfrutá-la, é necessário a intuição de uma dignidade da qual Homero foi o melhor testemunho; intuição que nos permite não desesperar com a sociedade passada, mas que nos convida, em troca, a encontrar, de tempos em tempos, esse promontório a partir do qual os aristocratas da Antiguidade refletiam a perfeição de suas obras.

É esse ponto de vista elevado sobre a vida e a sexualidade que devemos talvez reconquistar, fazendo um esforço para escapar às turpitudes do momento: a admiração pelo amor humano, o gosto de uma forma de pudor, delicado sem ser puritano, a esperança de uma relação durável, feliz.

Para Homero, que faz da troca de palavras um atributo da divindade, a pessoa isolada conta pouco; apenas a sociedade tem um valor. Estabelecer uma boa sociedade, aquela na qual falamos bem, é a única coisa necessária. Assim, a distinção dos papéis e sua inevitável discriminação nem sempre são tão tristes – ao menos podem ser concebidas. Para isso, é necessário prestar atenção a papéis respectivos e não idênticos. Nessa distribuição, a evidência que perdemos de vista talvez seja a seguinte, para os contemporâneos do século VIII AEC: a mulher porta a vida, o homem afasta a morte, "distancia a desgraça", para falar como Aquiles. Quem dirá qual é o poder maior, qual é a melhor porção? É necessário dizê-lo? A única questão não é a de saber como organizar as relações entre ambos?

Édipo, ou o infortúnio herdado

Voltemo-nos, agora, para a peça mais célebre de todo o repertório ocidental, tentando não tremer. Todos nós conhecemos seu argumento: o homem que mata seu pai e dorme com sua mãe. É necessário coragem tripla para abordar um extremo tão terrível.

Em primeiro lugar, evidentemente, é necessário coragem para propor visitar ainda essa breve obra-prima após tantos autores tão brilhantemente especializados, em cujo ranque continua figurando Sigmund Freud. Em seguida, devido exatamente a Freud e seus epígonos: sua teoria, hoje, é mais ou menos tão execrada quanto foi celebrada. Enfim, sobretudo, além das prevenções e dos méritos de nossos contemporâneos, a própria peça, em sua precisão implacável e trágica, permanece sempre muito desafiadora: quem, dentre nós, consegue afastar seu prisma terrível para examinar sua vida?

Desse fato, talvez nos limitemos a essa constatação muito modesta: há infortúnio nessa família. Sófocles quis mostrar outra coisa? O que tinha em vista quando nos conduz para sua famosa "máquina infernal"? Ele foi dirigido por preocupações morais ou terapêuticas?

Isso não está excluído. Afinal, o teatro serve para isto: é para formar seus cidadãos – e suas cidadãs – que Pisístrato o institui em Atenas. Além disso, nessa história, contudo, trata-se de purgar a cidade de uma doença coletiva e mortal, a peste. E, para isso, como recordamos, Apolo quer que a verdade seja feita. Quem matou Laio?

Buscar o culpado: eis uma lógica moral – essa investigação é imperativa se quisermos viver. Mas, tendo dito isso, ou seja, tendo entendido todas as primeiras réplicas da tragédia, dissemos tudo sobre seu caráter moral ou terapêutico, e, no entanto, não estamos curados.

A sequência não é mais do que uma série de revelações cujo caráter inelutável já se comentou demais – essa "mecânica assustadora" que constitui o gênio de Sófocles[26]. Nada há a fazer, senão experienciar a emergência de uma verdade atroz, e depois a punição que lhe corresponde. Nada há a fazer. Jamais houve nada a fazer. Que pensar, então, desse lar grego, dessa família tão bem cantada por Homero?

A partir dessa questão os caminhos divergem. Para uns, ela sempre será apenas o mais perverso dos dispositivos sociais, o sistema mais usado para produzir a culpabilidade. Em seu círculo, não poderíamos pretender a felicidade, não podemos simplesmente ser nós mesmos. Qualquer um aí estará sempre lesado. Uma autoridade não pode deixar

---

26. GOYET, F. Posfácio a *Œdipe roi*. Paris: Le Livre de poche, 1994.

de aparecer. E, a partir daí, uma alienação ainda mais odiosa porque surge no contexto mais gravemente dissimétrico possível: entre dois adultos e uma criança – uma criança que, de todo modo, terminará enterrando seus pais. A caminho do crime e da loucura!

Há, nisso, ao menos uma parte de justeza e que deveria nos ajudar a dissipar as ilusões de um freudismo ingênuo. É verdade que um infortúnio tão atroz, o de Édipo, sobrevém somente em uma estrutura muito determinada: para o encontrar, é necessário considerar igualmente odioso o incesto e o assassinato do pai. A família dita "patriarcal" parece secretar seu veneno. Suprimir a estrutura se torna tentador. Apagar o pai, relativizar o incesto, abaixar as barreiras dos tabus: basta querê-lo. Isso diminuirá a carga de tristeza e de temor que pesa sobre Édipo?

Mais vale enfrentar a realidade: não trataremos do mal do qual Édipo é o sintoma. Os gregos jamais teriam pensado uma coisa semelhante. O propósito da peça parece consistir em dizer, ao contrário, que um certo tipo de sofrimento, um mal capaz de fulminar os melhores, é incurável. Está no humano, sempre e em toda parte.

É aqui que outra interpretação, ou melhor, outra postura se torna possível. Consolemo-nos, ou, talvez, somente olhemos mais longe; não sejamos como os tebanos, "fascinados pelo imediato", pelos "versos de jogos elusivos da Esfinge".

Talvez a culpabilidade não seja um infortúnio tão grande. Talvez haja algo mais grave do que a culpabilidade, talvez ela seja apenas o sinal de outro mal mais autêntico. Talvez não seja absurdo pensar que um destino fatal pese sobre a humanidade, que exista alguma coisa como um "pecado original", que, independentemente do que digamos dele, do que façamos para esquecê-lo e fazê-lo esquecer, da forma de nossas "famílias" ou de nossa "organização social", não somos os senhores exclusivos de nossas vidas. A alienação, se esse é o perigo supremo, seria anterior a toda sociedade, a todo grupo. A alienação residiria no fato primitivo de vir ao mundo a partir de outro, com os olhos fechados, sem poder falar, sem jamais poder escolher.

A grandeza dos humanos, nesse caso, será a de revelar esse destino, de fazê-lo aparecer em plena luz, com os seus recursos, mesmo os mais dissimulados. A grandeza consistirá em contemplar a contingência e a finitude de sua sorte com a maior precisão, de assumi-las o melhor possível, de aceitar em algum momento pagar o preço, de acusar ou invocar os deuses. Se Édipo apresenta alguma grandeza, será que há outra diferente dessa?

O lugar verídico

Mas, então, numa perspectiva assim, a famosa família grega, com sua monogamia tão exclusiva, seu patriarcado tão claramente desenhado, a família de Ulisses, Penélope e Telêmaco, de Laio, Jocasta e Édipo, esse pequeno grupo nos aparece sob um novo aspecto. Torna-se o lugar por excelência no qual pode surgir essa variedade singular de homem e mulher. Sua cena burguesa medíocre, seus pequenos papéis tão peníveis de executar, frequentemente mesquinhos, permanecem as modalidades mais eficazes em vista do conhecimento do destino da humanidade.

"E eu remontarei às raízes! Lá, também, farei a luz!" Essa promessa solene, a de Édipo, só pode ser formulada lá onde se teria esculpido as relações sociais com uma rigorosa franqueza: lá onde as distinções pessoais serão tão claras que a confusão parecerá um horror sacrílego.

A concentração excepcional que realiza esse tipo preciso de sociedade, concentração de relações humanas que reside em uma palavra e em uma fidelidade – um único esposo para uma única esposa, uma promessa para uma vida inteira, um parentesco exclusivo e certo –, essa concentração produz um ambiente de uma pureza tão admirável quanto funesta.

Tudo se revela no fim. As hipocrisias são sempre finalmente frustradas, as violências, muito reais, sempre denunciadas. Isso porque, precisamente, queremos a luz aí – vivemos de luz, pois temos, de boa-fé, sem reserva e sem retorno, a confiança uns dos outros.

A família monogâmica, contida em seu vínculo recíproco, irreversível, a despeito de seus segredos e de suas mentiras, de suas perversidades de todas as ordens, ainda permanece o ambiente vital da verdade – o lugar de transmissão e de verificação definitivo das melhores falas humanas. A família é, certamente, o lugar do crime – o sangue verteu aí. É também a melhor estrutura de investigação, da única investigação verdadeira que temos a conduzir.

O benefício de uma organização social assim não é, sobretudo, moral ou terapêutico: já dissemos, o mal é incurável. O que está em jogo é anterior e superior à saúde ou à boa conduta. Ousamos dizer, com a audácia necessária, pois isso não a tornará certamente mais simpática: a família, assim concebida, é principalmente uma formação religiosa. Uma família assim coloca os pequenos humanos em relação com algo mais do que eles, oferece-lhes uma experiência de transcendência: o casal formado por seus pais, seus pais miseráveis tão imprevisíveis e caprichosos quanto os deuses do Olimpo, esse casal forma para eles o primeiro céu de sua existência.

A religião é a vida sob o céu dos deuses. O céu é isso que, fora de nosso alcance, está, ao mesmo tempo, em relação conosco. Isso que, por vezes, desce até nós ou nos leva às alturas sem que possamos comandá-lo. Constata-se que os pais vivem uma vida que é deles, fora do alcance da criança: eis a primeira experiência religiosa. Que a criança se desenvolva com isso em sua vida; que tente conceber e atingir dignidade nessas circunstâncias. E, para os pais, o mistério não é menor: a vida vem deles. Uma vida, talvez desejada, talvez não, mas que lhes escapa e os obriga.

Acreditamos que outros dispositivos seriam mais eficazes, menos "culpabilizantes"? Podemos supor o inverso, que a multiplicidade de parceiros e pais, com a opacidade das origens, facilitaria as estratégias de fuga, a diluição das responsabilidades, a indiferença final e a ignorância, as trevas. Será necessário sempre outro grupo, a tribo, para ensinar verdades costumárias; a cidade para ensinar verdades oficiais – cada um escolherá. Essas serão somente menos encarnadas, menos pessoais, menos certas. As violências que surgirão terão talvez o mérito de ser menos íntimas, menos sensíveis; elas serão provavelmente muito mais distantes de sua origem real e, assim, mais difíceis de compreender, dominar ou converter. E as alegrias que vierem talvez sejam também menos puras.

De qualquer modo, alguns perguntarão, as verdades religiosas têm algum interesse? O interesse em deuses é necessário? Mas, responderão outros, é possível ser em si interessante sem isso? Sem essa curiosidade inalterável, sem esse desejo pelo céu, sem a lembrança desses braços que, um dia, sustentaram-nos e nos transportaram? Cada um seguirá sua razão e seu coração.

Édipo nos diz, em primeiro lugar, que uma forma de grandeza é possível nessa direção. Os gregos parecem crer que haveria perigo em a negligenciar totalmente. Independentemente do que digam, a peste reina em Tebas; a decadência se aproxima, a reação é esperada por todos.

A família contra o Estado: Antígona

Sob o reinado de Édipo, o destino do Estado depende da ordem familiar: o incesto de um único induz a vingança dos deuses, a cidade está perdida. Devemos concluir daí que o Estado e a família se sobrepõem um ao outro? Uma conclusão assim seria surpreendente na Atenas do século V, essa Atenas que, após Clístenes, esforça-se precisamente para desfazer o nó inextricável entre suas instituições públicas e suas linhagens tradicionais, com a esperança de separá-las inteiramente.

No fim do século VI, esse famoso Clístenes impõe uma reforma de modernidade revolucionária: todas as redes de poder, determinadas pelas famílias e tribos, são desmanteladas, remodeladas segundo uma ordem rigorosamente igualitária, racional e anônima. Não se trará mais o nome do pai de seu pai, mas o nome de seu "demos", aldeia, lugar de nascimento, para sempre. As pessoas não acederão mais às responsabilidades públicas em virtude das relações particulares, mas conforme ciclos e sorteios, e de eleições publicamente controladas.

Quanto à época das facções nobiliárias, privilégios de nascimento, seria ela revolucionária? Certamente, não: a glória próxima do alcmeônida Péricles, esse aristocrata mais famoso da história grega, indica que o esforço democrático não se materializou completamente. Mas a direção está dada: o Estado não será mais um agregado de tribos, ou uma tapeçaria tecida pelo fio de circunstâncias e interesses gerais sobre a sólida trama de genealogias. O Estado é um conjunto de monumentos centrais, escritórios públicos, um calendário eleitoral, comemorações. O Estado é um povo que domina toda a associação particular. O Estado deveria ser a fonte de toda dignidade humana.

Que lugar resta à família diante dessa ordem grandiosa? Ou, mais exatamente, como os novos cidadãos podem esperar conciliar dever político e honra familiar? A peça de Sófocles revela a dor quase torturante desse imperativo verdadeiramente inédito: até o século precedente, honrar sua linhagem e trabalhar pelo bem comum era quase a mesma coisa. Era tão verdadeiro que, para punir os mais perigosos, a cidade os punia com a atimia: uma pena terrível pela qual os culpados não eram apenas exilados e desapossados de seus bens, mas também privados de sepultura familiar. Sem amigos, pais, túmulo a honrar, amputados de nome e de passado, podemos dizer que andavam como fantasmas pelo mundo.

Significativamente, a nova cidade de Clístenes, que reduziu a família à sua única função genética, reduziu também a pena de atimia. Não será mais que um afastamento – um ostracismo. E, ainda, temporário: poder-se-á retornar. A linhagem não representa mais um perigo político temível demais.

Mas, ela, deve ser negligenciada? Daí em diante, a que título honrá-la? Que legitimidade conceder aos vínculos de sangue diante desse imponente edifício cívico que se tornou a cidade grega? À medida que, em nosso espírito ou no mundo, progridem as distinções, nossa liberdade encontra dilemas inéditos. Com a inteligência, o sentido moral deve se refinar e se fortalecer ao mesmo tempo: aí está a obra de Sófocles.

Quando da morte de Édipo, uma guerra fratricida opõe seus filhos. Polinices disputa o poder com Eteócles, e, por isso, incita um partido estrangeiro contra sua cidade. O resultado: "Somente os príncipes malditos, os irmãos germanos, confrontados lança contra lança, capturam, cada um, sua parte de uma morte comum"[27]. Após esse resultado funesto – os dois irmãos, portanto, são mortos –, a coroa retorna ao seu tio, Creonte. Esse decide que Eteócles,

---

27. O Corifeu, no prólogo de *Antigone*. Op. cit.

guerreiro sem par, morto a serviço de seu país, será sepultado com todas as honras que acompanham sobre a Terra os mortos mais gloriosos; mas quanto a seu irmão Polinices – o banido que só voltou para jogar às chamas sua pátria e seus deuses, abastecer-se do sangue fraternal e reduzir os seus à escravidão –, proibição pública é feita aos cidadãos de honrá-lo em um túmulo, de o lamentar; que seu corpo jaza, privado de sepultura, presa dos pássaros e dos cães, objeto de opróbrio[28].

Intervém, portanto, Antígona, filha de Édipo e de Jocasta, irmã de Polinices e de Eteócles. A seus olhos, tanto um irmão quanto o outro merecem igualmente o cuidado de uma sepultura digna. Deixar Polinices ser comido pelos cães na poeira das muralhas insulta não apenas as divindades do Hades, mas, sobretudo, seus pais. "Se tivesse de deixar sem sepultura um corpo que minha mãe pôs no mundo, jamais me consolaria". Assim, ela escolhe não julgar entre os irmãos, permanecer "fiel à sua raça", a fim de não ter de condenar, de uma maneira ou de outra, os autores de seus dias.

Julgar e aplicar a sentença é o assunto do rei, e o Rei Creonte decidiu com uma clareza perfeita: quem honrar o morto maldito da cidade se unirá aos mortos. A decisão expressa um bom-senso evidente – Polinices foi desleal à cidade – assim como as considerações religiosas elementares para um monarca da Antiguidade. Antígona bem pode invocar o Zeus do lar familiar para consolidar sua posição; Creonte está tão bem-instalado quanto ela diante do Olimpo: Tebas é defendida pessoalmente por Ares, nada menos

---

28. Ibid., v. 192-210.

do que isso. Piedade contra piedade, dever religioso contra dever religioso: dois motivos rigorosamente contraditórios são *a priori* rigorosamente iguais diante dos humanos e diante dos deuses; a beleza da peça reside nessa simetria quase perfeita. Não inteiramente perfeita, contudo: veremos o anúncio de uma ligeira nuança.

Nesse processo entre Creonte e Antígona, processo do Estado contra a família, Sófocles toma sua decisão. Antígona morrerá, mas Creonte será amaldiçoado pelos seus – desolação total. Sua esposa, Eurídice, e seu filho, Hêmon, se matarão nas horas que seguirão sua decisão. Assim, o rei, que preferiu a solidez da coisa pública à frágil homenagem dos vínculos familiares, ficará só sobre seu trono, majestade desvairada diante de um povo consternado.

A lição da peça poderia ser clara: opor cidade e família é a ruína de uma e da outra. Sófocles, porém, vai mais longe. Em sua peça, a família conserva sua precedência diante do Estado e o escritor de tragédias mostra muito claramente as razões desse privilégio.

Primeiro argumento, destinado a ter grande sucesso entre os futuros filósofos: o exercício do poder desencaminha os melhores. Creonte foi vencido pelo orgulho; "grandes golpes do destino lhes fazem pagar caro por sua jactância", ensina-nos o Corifeu. Creonte, colocando-se em posição de escolher entre os cultos, de preferir um deus a outro, preside como Zeus, e essa é, para um homem, ainda que rei, uma situação fatal. Observemos de passagem que Antígona, em parte alguma, coloca em questão os cultos cívicos: ela honra a todos sem distinção pelos feitos passados.

Sófocles opõe uma capacidade positiva da família ao risco iminente ao exercício político. Aqui se inscreve a profunda dissimetria entre as duas instituições. Contrariamente à realeza, que enlouquece, a família é um meio que pode tornar a pessoa sábia – essa sabedoria que, diz-nos o Corifeu em seus últimos versos, é a condição da felicidade. E como a vida familiar poderia tornar uma pessoa sábia? Poderíamos invocar a dimensão carnal de suas relações, com certeza: todos sabem quão duro é o trabalho de pôr filhos no mundo, e ouvimos Antígona recordá-lo. Esse gênero de trabalho poderia ser um remédio útil contra a desmesura, raiz de todas as loucuras humanas.

Mas outro argumento prevalece aqui. Ouvimos surgir na última fala de nossa heroína, uma declaração *a priori* muito estranha:

> Se eu fosse mãe e se isso se tratasse de meus filhos, ou se fosse meu esposo que estivesse a morrer, não me daria a esse trabalho [de prestar as honras fúnebres a Polinices] contra a vontade dos cidadãos. Qual seria meu raciocínio? Diria a mim mesmo que, viúva, me casaria novamente e que, se perdesse meus filhos, meu segundo esposo me tornaria mãe novamente, mas um irmão, agora que meus pais não estão mais sobre a terra, não tenho mais esperança de que nasça outro. Não considerei outra coisa quando te honrei particularmente, ó querida cabeça fraternal![29]

Compreendemos, aqui, que a morte de Polinices põe um fim definitivo a uma coisa única e preciosa. Rompe um conjunto normal de relações através do tempo e dos entes,

---

29. Ibid., ato IV, cena II.

e que, até então, trazia um nome. Aqui, o cuidado de Antígona, a piedade familiar, se consagra ao que jamais voltará, ao que absolutamente se termina neste mundo, e ao que, devido a este "jamais", exige um reconhecimento religioso. Podemos partilhar, por um instante, do tipo de medo sagrado que aqui motivou Antígona? Estamos prontos para vislumbrar e honrar a gravidade da morte? Meditemos sobre esse ponto, tentando, primeiramente, apreciar a carga psicológica antes de compreender o dever que impõe.

No círculo familiar é permitido, portanto, contemplar um tipo de conclusão como esse: o espetáculo mais preciso, o mais íntimo de nossa finitude. Podemos chorar os mortos de outros, ou simplesmente os mortos, mas o falecimento de irmãos ou de um filho é outra coisa. De irmãos ou filhos, podemos dizer: "Com eles, morremos". É uma parte de nossa vida que nos é arrancada. E descobrimos, portanto, não apenas que somos mortais, o que ninguém ignora, mas, sobretudo, que nosso ser verdadeiro é inteiramente tecido por essas relações carnais e espirituais, relações ao mesmo tempo admiravelmente substanciais e, contudo, frágeis.

O Estado não conhece, ou muito raramente, esse tipo de experiência. Consequentemente, não está capacitado a fornecer esse tipo de sabedoria. É inimaginável que um Estado desapareça pura e simplesmente. Os cidadãos que assistissem a esse tipo de evento provavelmente perderiam, com sua razão social, também sua razão. O Estado é, por definição, o que dura além dos ciclos naturais dos casamentos, nascimentos, falecimentos; e compreendemos o orgulho dos chefes de Estado, que é o de se permitirem se identificar com o próprio Estado, de se considerarem imortais.

Nada podemos fazer: a vida familiar, com toda sua dureza, seus ódios fratricidas, suas perversidades conjugais, permanece apenas, uma vez mais, um meio de verdade para os mortais, homens e mulheres, e um meio exclusivo; a experiência que aí se desfruta não tem equivalente em parte alguma.

A missão exclusiva

Mas falar de meio não é suficiente. A família é mais do que um ambiente; é um organismo cujos membros podem operar no mundo. Sua missão, encarnada aqui por Antígona, é cercar os termos da existência: não podemos impedir que os entes e as coisas desapareçam da face da Terra, mas podemos fazer com que terminem de forma bela. Trazer a memória é também fazer viver; transmitir a recordação é já divinizar – acreditavam os gregos.

O Estado também pode se encarregar dessa tarefa, mas não poderia ter a mesma legitimidade dos pais. Mesmo que o Estado, criatura anônima mais durável e mais extensa do que a família, proteja eficazmente essa família, não pode sofrer ou se condoer como um irmão ou uma irmã; não pode honrar uma pessoa falecida com a mesma gravidade. Ora, essa gravidade é eminentemente necessária à dignidade de cada pessoa.

E, muito evidentemente, na outra extremidade de nossas vidas, o Estado não poderia garantir o que somente o lar particular realiza: o começo perfeito, o nascimento. Com certeza, a evidência é um pouco simples; contudo, não é menos impressionante. Uma vez que Antígona morre, Hêmon não terá filhos, e Creonte e Eurídice não terão netos. Compreendemos no fim da peça que a primeira simetria opondo Creonte e Antígona é apenas uma ilusão. O Estado repousa sobre as famílias. Somente elas produzem o único, o definitivo. Somente elas garantem a possibilidade de um começo radical – o nascimento de uma nova vida.

Assim, segundo Sófocles, se a liberdade, conforme a poderosa definição de Hannah Arendt, é a faculdade de começar algo novo, essa liberdade não poderia prescindir das famílias[30]. A liberdade no Estado teria, portanto, como condição de possibilidade primitiva, a existência das famílias.

Não é à toa que Antígona se torna o ícone da liberdade nos tempos conturbados dos totalitarismos. Da boca do Corifeu ouvimos esse louvor tão surpreendente quanto ambíguo com relação a ela: "Nem uma doença te enfraqueceu, nem uma espada te feriu: tomando tua lei nas próprias mãos, viva, ó destino inaudito, tu descerás ao Hades"[31]. Antígona autônoma, Antígona moderna.

Isso significa que ela faz o que quer? Não em Sófocles, em todo caso. A jovem se explica com uma eloquência memorável sobre o regime das leis, nos versos politicamente

---

30. ARENDT, H. "Qu'est-ce que la liberté?" In: *La crise de la culture*. Paris: Gallimard, 1972, p. 186-222. A filosofia descreve a "faculdade da liberdade" como "a capacidade pura de começar que anima e inspira todas as atividades humanas e que é a fonte oculta da produção de todas as grandes e belas coisas" (ibid., p. 219).

31. SÓFOCLES. *Antigone*. Op. cit., ato IV, cena I.

mais decisivos e mais célebres. Retorquindo Creonte que não é Zeus que promulga suas ordens, ela acrescenta: "com certeza, não creio que teus decretos tenham tanto poder que permitam que mortais violem as leis divinas: leis não escritas, porém, intangíveis. Não é de hoje nem de ontem, é desde a origem que elas estão em vigor, e ninguém as viu nascer"[32].

À permanência tão necessária e tão feliz do Estado, Antígona opõe, portanto, uma permanência maior ainda: ela apela à ordem dos próprios deuses, à evidente harmonia do cosmos. A família se inscreve em uma ordem que os humanos não escolheram. E, com certeza, essa ordem é rigorosa: a jovem morre ao se submeter a ela. Mas, assim como no caso de Heitor, que aumentou o tesouro da memória ao assumir seu sacrifício, admiremos a posteridade ofertada por Antígona. A possibilidade gloriosamente afirmada de recusar a justiça dos humanos, de denunciar o abuso do poder: é a ela, antes de Sócrates, antes de Cristo, que a devemos.

O Estado ocidental, instalado em suas magistraturas sólidas, jamais será verdadeiramente ameaçado por seus cidadãos – quase sempre, seu consentimento é muito bem esclarecido pelas instituições luminosas. Em vez disso, estará sempre, ao menos até a revolução sexual, premido por essa pinça muito sólida: os deuses e as famílias.

Em um ensaio[33] recente e brilhante, Régis Debray nos explica como nós, europeus, fomos americanizados. Ele

---

32. Ibid., ato II, cena III, v. 433-435.

33. DEBRAY, R. *Civilisation. Comment nous sommes devenus américains.* Paris: Gallimard, 2020.

começa por definir a diferença entre as duas civilizações a partir de três oposições: enquanto a civilização americana seria determinada por sua relação com o espaço, a civilização europeia se compreenderia por sua relação com a história. Os Estados Unidos produziriam e difundiriam imagens, enquanto a Europa leria e escreveria textos. Enfim, os Estados Unidos prometeriam a felicidade, enquanto a Europa não acreditaria nela.

Essa última oposição parece menos sólida, menos convincente do que as precedentes: ela claudica. As duas primeiras oscilam entre alternativas esplêndidas, a última opõe o ser e o quase nada, a felicidade ou sua falta. À felicidade americana, Régis Debray opõe apenas um ceticismo europeu, alegremente amargo, um tipo de mau humor congenial, melancolia patológica ou animosidade irrepreensível.

As tragédias de Sófocles bem poderiam nos indicar a origem dessas disposições sombrias; elas nos curariam para sempre das ilusões ingênuas concernentes às iniciativas humanas, em particular, o lar familiar e a felicidade contente de *A pequena casa na savana*; não os das rudes recordações da verdadeira Laura Ingalls, mas sua versão asséptica, colorida, mundialmente difundida pela televisão americana nos anos de 1970.

Devemos, portanto, renunciar à felicidade? Sófocles responde: sim. E os autores cristãos não o contradirão sempre. Mas, talvez, a antinomia pertinente não seja a do par felicidade/infelicidade. Sófocles, Homero e a tradição europeia após eles nos falam, em vez disso, de sofrimentos e alegrias. A nova civilização americana crê na Terra prometida; um arranjo eficaz dos assuntos humanos deveria abrir um círculo encantado no meio da selvageria do mundo, círculo no qual seríamos, todos, juntos, sempre felizes.

A civilização antiga não acreditava no valor de um dispositivo assim. A civilização antiga engendrada por Penélope e Antígona se prepara para satisfazer os deuses, para sofrer em sua carne, e se desvia deliberadamente da ilusão da felicidade. Em troca, pretende receber a luz de uma sabedoria sem igual, a paz no coração, ocasionalmente com alguns lampejos da verdadeira alegria. Essa é a esperança europeia.

Parte II
A invenção do pai ocidental

1
O amor sem família, ou Tristão e Isolda

E se escolhêssemos repudiar essa famosa fórmula familiar, tendo-a como responsável pelos males experienciados e estimando esses males como severos demais? Após os desastres edipianos, temos direito de considerar elevado demais o "custo-benefício-risco". Coloquemo-nos, portanto, à procura de outra verdade. Abandonemos resolutamente esses vínculos decepcionantes em que a esperança muitas vezes se transforma em vergonha. Abandonemos esses quartos com armários jamais bem fechados sobre os cadáveres indecorosos. Não seremos os únicos: muito antes do século XX, nossa busca pode reivindicar ao menos um precedente ilustre.

O Ocidente europeu conheceu um momento singular em que sua forma primitiva esteve a ponto de se perder. Após a invasão dos francos, após seu triunfo definitivo na virada dos séculos V e VI, por pouco a derrota romana não leva com ela a família mediterrânea, os esposos e os filhos ordenados por Homero, Sófocles e Virgílio. Na primeira metade da Idade Média, a forte estrutura romana se desloca, as definições do direito se obscurecem, e o conhecimento dos grupos se perde.

Para tomar apenas um exemplo, observemos que, durante quase seis séculos, os europeus se conheciam apenas por seu prenome, ao qual se juntava, por vezes, o nome do pai (Untel é nomeado "filho de Untel", denominação que, naturalmente, não se transmite). A sábia onomástica romana, que nos ligava a nós e à sociedade por três nomes distintos (*praenomen*, com frequência o de um ancestral; *nomen*, o da *gens*, um grupo maior; e *cognomen*, sobrenome pessoal que se pode mudar) desapareceu completamente. Uma diferença assim revela que a comunidade de vida na época não é evidente. O fato mesmo de compartilhar e transmitir a ascendentes ou descendentes mais ou menos distantes um bem simbólico tão modesto quanto o nome não tem mais significação ou importância particular.

Os francos respondiam, ao que parece – mas nossas informações são escassas –, a uma estrutura que supomos comparável em honra à dos celtas. Nesses, o parentesco é horizontal, maior do que nunca, parece se dissolver nos vastos clãs, que são chamados *sippe* entre os germânicos, e nos quais a genealogia se obscurece rapidamente em proveito de ancestrais míticos: resta na memória apenas a lembrança de um nó comum e do costume particular que lhe corresponde[34]. A família é essencialmente uma associação horizontal de irmãos, irmãs, primos, tios e tias: ascendentes e descendentes são esquecidos em proveito de interesses presentes.

Eventualmente, a organização pode passar por "matriarcal". A figura do pai era menos marcada, em benefício

---

34. POLY, J.-P. *Le chemin des amours barbares. Genèse médiévale de la sexualité européenne.* Paris: Perrin, 2003.

dos tios maternos. A disciplina sexual podia ser menos rigorosa; a monogamia não era imposta. O incesto não incomodava muita gente.

Enfim, respiramos um pouco, pensarão alguns. Lemos "matriarcado" e supomos imediatamente que as mulheres eram menos severamente excluídas, que uma parte do precioso poder lhes era reservada: é verdadeiro, em parte. Não imaginemos, porém, um universo idílico. Para os homens do norte, uma união dupla é possível: um casamento político pode ser conciliado à união tribal. Na união tribal, é a doce concubina que satisfaz o sentimento, o prazer pessoal. Ela não tem muito peso diante da união política pelo clã; certamente as esposas sucessivas coabitam na tenda do guerreiro. Talvez, por vezes, as mulheres comandem, mas ao modo dos ídolos: adoram-nas ou as queimam. Eram emprestadas, talvez, ao estrangeiro de passagem, como é o caso de Isolda no romance que nos interessa. Objetos preciosos, mas sobretudo úteis. O repúdio à esposa menos desejável é admitido. Imaginamos que, quando a Igreja tenta protestar, tolera-se, por vezes, o assassinato puro e simples.

Um romance narra o amor nessa época de violência e de liberdade indômita: Tristão e Isolda, a inesquecível epopeia dos amantes malditos. Suas figuras comoventes inspiraram muitos contos e poemas ao longo dos séculos, sem que uma versão original ou definitiva determinasse exatamente seus traços[35].

---

35. A versão proposta por René Louis, "renovada no francês moderno conforme os textos dos séculos XII e XIII", parece oferecer a melhor abordagem. A história da lenda, brevemente esboçada aqui, é narrada por Michel Zink em *Littérature française au Moyen Âge* (Paris: PUF, 1992). Cf., igualmente, seu *Tristan et Iseult. Un remède à l'amour* (Paris: Stock, 2022).

Uma lenda tenebrosa

A origem celta da lenda se perde na noite dos tempos. Um conto de rapto irlandês, o de Ciarmaid e Grainne, que remonta ao menos ao século IX, apresenta, não somente em seu esquema geral, mas também em alguns de seus detalhes mais precisos, semelhanças extremas com a história de Tristão e Isolda. A literatura gaulesa, conhecida por manuscritos tardios, coloca em cena em várias ocasiões um certo Drystan, filho de Tallwch, amante de Essult, esposa de seu tio, o Rei March. O personagem é associado ao Rei Artur, que é próximo. A partir desse núcleo celta são acrescidos, conforme os autores, episódios visivelmente emprestados de outras tradições notadamente antigas, helênicas: o Morholt recorda evidentemente o Minotauro cretense, enquanto o episódio das velas, por exemplo, está também na lenda de Teseu. *Tristão e Isolda* seria o romance do crisol europeu, onde se fundem o norte e o sul, a memória grega e a emoção celta, essa ou aquela disposição anglo-saxã, as referências e questões mediterrâneas, quer pagãs ou cristãs?

O sucesso foi imenso. Dado o caráter fragmentário de nossas fontes e o fato de que não possuímos qualquer versão "original", é necessário, na verdade, discernir a consequência dessa popularidade, que torna desnecessário narrar a história do começo ao fim ou de copiá-la integralmente: todos bem sabem do que se trata. Tristão é um *topos*, um lugar-comum do imaginário medieval. Se consideramos corretamente, nenhuma outra obra literária profana parece ter inspirado tantas ilustrações pictóricas na Idade Média.

A despeito desse sucesso, um tipo de maldição parece ter afetado as primeiras obras francesas que lhe são consagradas. Duas estão inteiramente perdidas – fenômeno mais raro do que por vezes cremos. Encontramos elementos da lenda em outras obras, como *Lai de Chèvrefeuille* [Canção de Chèvrefeuillle], de Marie de France, que escolhe retomar apenas alguns episódios particulares, ou, melhor, versões de *A loucura de Tristão* – uma redigida por um poeta anglo-normando chamado Béroul, e outra, por um certo Thomas – versões que nos chegam mutiladas. Para reconstituir a história em sua totalidade é necessário nos dirigirmos aos romances alemães mais tardios, inspirados na obra francesa.

Essa situação intriga. Algumas pessoas quiseram ver aí o efeito de uma censura clerical, a vontade de fazer desaparecer um conto escandaloso: a lenda perturbou tanto quanto fascinou. Hipótese improvável. Mas não é sem interesse ouvir os poetas posteriores – e, entre eles, Chrétien de Troyes no século XII – proclamarem regularmente a superioridade de seus amores em relação ao de Tristão. Eles escolhem amar com toda liberdade e jamais renunciam ao desfecho nupcial, enquanto ele, escravo da poção, afunda-se em um adultério obstinado: é um bom argumento. Tristão e Isolda são o contraponto mais famoso da família e do amor ocidental.

O romance experiencia um certo eclipse durante a época "moderna"; o século romântico o redescobre com paixão: é infatigavelmente traduzido, renovado, retrabalhado ao longo da Europa, até Wagner. Em nosso país, Joseph Bédier nos oferece uma grande retomada em 1900, compondo uma síntese admirável das fontes medievais. Depois, virá o comentário polêmico de Denis de Rougemont, em seu pequeno ensaio *O amor e o Ocidente*, meditação impressionante sobre o vínculo entre Eros e Tanatos. Em suma, uma narrativa capital em nossas regiões. Recordemos suas principais peripécias.

Guerreiros e mágicos

A ação se situa em um país submetido e aterrorizado: "Um grande perigo ameaçava a terra do Rei Marcos". Durante quase um século, após uma guerra miserável, "os irlandeses podiam cobrar ao longo da Cornualha num primeiro ano trezentas libras de cobre, num segundo ano, trezentas libras de prata fina e num terceiro ano, trezentas libras de ouro, mas, quando chegou o quarto ano, trezentos rapazes e trezentas moças de 15 anos foram retirados à sorte dentre as famílias da Cornualha"[36]. Cabe a Tristão, o sobrinho do Rei Marcos, abalar o jugo irlandês: somente ele aceita enfrentar seu abominável adversário, um gigante sobre-humano, Morholt. Porém, nesse duelo fatídico, nosso herói é ferido. Por um extraordinário concurso de circunstâncias, ele será recolhido e salvo da morte uma primeira vez pela filha do rei da Irlanda, Isolda, a loira. Ignorando sua identidade, ela cuida do bravo cavaleiro. "Em troca, para distraí-la ele tocava canções bretãs de aventura e de amor acompanhado da harpa. Melhor ainda, ele ensinava à

---

36. *Tristan et Iseult*, renovada em francês moderno conforme os textos dos séculos XII e XIII de René Louis (Paris: Le Livre de poche, 1972, p. 11).

jovem a arte de tocar os instrumentos pelo prazer da voz. A menina real parecia radiante e se mostrava a aluna dócil e alegre do cantor errante"[37]. Episódio delicioso.

Uma vez curado, Tristão retoma o mar para retornar para perto de seu tio, o Rei Marcos. Seus barões o encorajam a se casar. Durante um de seus conselhos, ocorre uma cena estranha: uma andorinha traz um cabelo de ouro ao rei. Esse, para dissipar as exortações de seus vassalos, promete desposar a jovem que possuísse o cabelo. Mas o que ninguém levou em conta foi que Tristão, que reconhece imediatamente essa cor singular de cabelos, põe sua vida em perigo e retorna à Irlanda.

Ele fica sabendo que a filha do rei está prometida àquele que conseguir livrar a cidade de um dragão "que assolava o país; descendo todo dia à cidade e provocando grandes destruições". Sem hesitar, e sem nada dizer a pessoa alguma, Tristão cavalga ao encontro do monstro, triunfa novamente, e leva a bela que lhe é entregue em recompensa. No navio, furiosa de ver seu salvador indiferente, Isolda faz Tristão beber uma poção de amor que o vincula a ela; ela compartilha a taça e também bebe a mistura.

"Tão logo os jovens beberam esse vinho, o amor, tormento do mundo, desliza em seus corações. Antes que se apercebessem, curvava-os sob seu jugo"[38]. Eis os amados ligados. O casamento com o tio terá, contudo, lugar, e começa então uma série de estratagemas e manobras, ações audaciosas, mentiras épicas para que Tristão e Isolda pos-

---

37. Ibid., p. 21.
38. Ibid., p. 55.

sam se abraçar como determina o efeito da magia. Esse os obrigará a fugir para a floresta, onde sobreviverão cada vez pior até se extinguirem os efeitos da poção – três anos.

Isolda chega, então, à corte de seu esposo, o rei. Tristão vaga só pela pequena Bretanha, onde se casa com outra Isolda: Isolda de mãos brancas. Ela jamais conhecerá carnalmente seu esposo estranho. O herói inconsolável, incapaz de esquecer a esposa do Rei Marcos, erige um tipo de capela onde se entrega a um culto solitário das recordações de sua paixão.

Tristão termina envenenado em um combate que se assemelha de diversos modos aos que realizou antes por aquela que ama. Ele chama Isolda, a loira, e seus bálsamos mágicos, para socorrê-lo. Ela chega de navio. Porém, Isolda de mãos brancas havia compreendido seu segredo. Ao seu esposo agonizante na costa, ela anuncia que uma vela negra se aproxima. Ele morre e sua amada, recém chegada, deixa-se morrer em seus braços.

História sombria, portanto, tecida de traições, na qual todos são derrotados, uma vez que até Isolda, a loira, é enganada por seu duplo *alter ego* venenoso. No fim dessas peripécias, subsiste ainda somente uma Isolda, Isolda de mãos brancas, ela também sempre encantadora – mas é necessário ouvir daqui para a frente esse epíteto com temor: aprendemos os perigos da sedução. No centro do romance, o encanto erótico, os três anos decisivos, mil e uma noites de idealização amorosa nas quais o coração se encontra e a personalidade se forja. Se tudo vai bem.

Uma canção de amor e de morte

A *Odisseia* homérica foi uma viagem iniciática que resultou na efusão amorosa. A trajetória de Tristão levou os amados à morte. Esse, em Sófocles, foi o veredito de um processo rigorosamente conduzido sob o olhar do público; aqui, a morte está em toda parte, colore a atmosfera, intensifica os encantos, envenena os banquetes, seu reino se fortalece em sua inacessibilidade.

A história de Tristão começa no dia seguinte ao seu nascimento com o funeral de sua mãe; honras fúnebres que eclipsam o batismo do menino e lhe valem seu nome triste. Tristão se dedica a portar esse luto durante toda sua vida. Não haverá outros funerais nessa narrativa. Seu pai morre na página seguinte: para ele, nem cerimônias nem túmulos para honrar. Tristão é um anti-Ulisses, arquétipo do anti-herói, ousado, mas incapaz de realização, homem que termina por trair todos os juramentos, quebrar todas as palavras dadas. Ulisses atinge a plenitude; no fim da epopeia de Tristão, nada resta: dois cadáveres numa praia. Atrás deles, o mundo está em cinzas.

É necessário perseguir o paralelo com Homero, que é esclarecedor. A paisagem das ilhas britânicas é notadamente reminiscente do Mediterrâneo antigo: um vasto arquipélago, cenário romanesco muito apropriado para as partidas e as explorações. De um livro ao outro, contudo, tudo mudou. Mesmo em seus confins mais estranhos, Homero nos faz viajar em um mundo "pleno", protegido e povoado, um mundo, no fundo, civilizado.

Diante da terra celta, ao contrário, sobre as rochas e a costa bretãs, estamos sempre nas orlas das regiões selvagens, nas fronteiras do inominável. Tudo é muito vasto. A natureza é mais do que um ambiente: é uma protagonista anônima, cuja imensa solidão nos enche ao mesmo tempo de inebriamento e de inquietude, nos provoca um corte sutil e voluptuoso no coração, jamais experienciado na Grécia antiga. É o verdadeiro elemento de Tristão, um combatente sem igual, homem de mares e florestas. Porém, não muito bem-educado. Não muito "polido".

Outra semelhança com o universo homérico: a geografia é estruturada pela oposição de dois territórios rivais: Troia contra Argos, na Grécia; a Cornualha do Rei Marcos contra a Irlanda do Morholt, aqui. Porém, a natureza dessa oposição não é a mesma de um livro ao outro. Em Homero, lembremos, as duas sociedades do Oriente e do Ocidente se distinguem pelas relações familiares diferentes. Nas ilhas bretãs dessa Idade Média lendária, reconheceremos, em vez disso, uma oposição de gênero.

A Irlanda, sem dúvida, é claramente matriarcal. O Morholt, gigante estúpido, é sobretudo o irmão de uma poderosa rainha que faz o casamento de sua filha e que, na realidade, toma as decisões na corte de seu esposo – personagem inconsistente cujo único interesse aqui é se deixar enganar sempre que a ocasião se apresenta. No centro da Irlanda, Tristão guardará a indelével lembrança da moça de cabelos loiros. As mulheres aí são dotadas de poderes fascinantes: elas conhecem os venenos e bálsamos; elas curam, enfeitiçam e amaldiçoam.

Outra ambiência na casa do Rei Marcos: essa rescende a testosterona. Em um calabouço austero, um rei já idoso, uma corte povoada por barões e sobrinhos invejosos, por guerreiros prontos a se apropriarem do trono. Há especulações, espionagem, ameaças. Nenhuma mulher aqui, nenhuma criança, nem verdadeiros heróis; somente líderes que devastam o país: quando é necessário pagar o tributo à Irlanda, espolia-se a população, recolhe-se a juventude local para a enviar a esse país de gigantes e feiticeiros invencíveis.

Paradoxo: a diferença tão marcada, absurdamente marcada aqui, entre o espaço masculino e o espaço feminino leva praticamente à abolição das diferenças. Com certeza, homens e mulheres não utilizam as mesmas armas. Mas, em toda a parte, é uma guerra de todos contra todos, a guerra até a morte entre a Irlanda e a Cornualha, um ciclo jamais terminado de crimes e vinganças, ambos os lados com monstros invencíveis.

Comparando os universos grego e celta, compreendemos que viver em uma sociedade heterossexual não é para todos. Por sociedade heterossexual, com certeza, entendemos que não é ainda uma república como a nossa, na qual homens e mulheres viveriam constantemente juntos e na mesma eminência, mas um mundo no qual, ao menos de vez em quando, pudessem discutir face a face como semelhantes, como amigos, talvez.

Sublinhamos, suficientemente, as discriminações que percorrem o mundo de Homero. Todavia, apesar disso, esse gênero de encontro ocorria: com o bom velho Rei Alcíno, por exemplo, cuja corte nos apresenta um tipo de plenitude edênica da existência. Mesmo a casa de Helena e Menelau, reconciliada, oferece essa simples e calorosa amenidade. Sim: ocorre em Homero que homens escutam mulheres, aprendem com elas e reciprocamente. A injunção, o comando ou a injúria, a sedução e o estratagema não são as únicas trocas entre as duas partes da humanidade, e a história termina com uma perfeita conjunção sexual.

Na corte do Rei Marcos, Isolda, a *única* mulher que vemos aparecer, é inicialmente, unanimemente admirada – isso é verdadeiramente um bom sinal? –, mas logo espionada, humilhada, deve terminar torturada. O velho Rei Marcos dá prazer à sua jovem Isolda – não parece que Tristão seja capaz disso –, mas exceto por esse detalhe carnal, não poderíamos considerar essa união muito convincente. Os contemporâneos não parecem crer nisso.

Narrativa romanesca, reflexo histórico?

O que se passa nesse mundo tão pesada e estruturalmente constituído "em função do gênero" que faz o pano de fundo de Tristão e Isolda? Podemos decifrar aí a experiência de uma sociedade histórica precisa? Essa ambiência de "guerra dos sexos" alguma vez reinou assim? Evitaremos afirmar, pois o estado das fontes não autoriza essa certeza. Apenas uma conclusão curta se impõe: se a aventura de Tristão e Isolda tem o mínimo valor de testemunho de uma época ou de uma sociedade qualquer, esse testemunho não litiga sem reservas a favor de arranjos alternativos, diferentes de nossa severa monogamia antiga, patriarcal e heterossexual.

A memória das violências merovíngias das rainhas Fredegunda e Brunilda, para nomear apenas as mais célebres, bem sugere que outro equilíbrio social, político e sexual é buscado nessa Europa que se ergue titubeante em meio às ruínas do Império Romano. Não negligenciemos, todavia, o benefício dessa longa época, a dos descendentes dos reis francos. Depois dela, a mulher ocidental desfrutará de um *status* que jamais teve na Antiguidade. As rainhas e condessas dessa época rude oferecem perfis, um vigor que jamais encontramos nas princesas da aristocracia romana. Termina o gineceu. Ainda que o cristianismo tenha desempenhado um papel nesse progresso, parece arriscado lhe atribuir exclusividade. As sociedades do norte, francas ou celtas, acrescentaram um novo traço à civilização mediterrânea, que permanece nosso berço.

Elas seriam capazes de fornecer ao amor um valor autenticamente positivo? O encontro de nossos dois heróis, por mais perturbador que seja, termina com uma derrota lamentável, terrível. A canção "de amor e de morte" é uma tragédia que se cumpre, como dissemos, pela visão de dois cadáveres em uma praia abandonada. Trata-se de compreender essa infelicidade.

Autópsia da infelicidade amorosa

No início, tudo começa muito bem. Tristão, no limiar da idade adulta, parece desfrutar de uma situação ideal, a de um homem perfeitamente livre. Filho de rei, mas órfão, rico e sem pais, filhos, irmãos ou irmãs suscetíveis de disputarem com ele o que quer que seja, revela-se quase tão talentoso quanto Ulisses: é apresentado pelo narrador como dotado de uma surpreendente capacidade de imitação; Tristão se transforma quando quer em mendigo, cortesão, burguês, leproso, louco, animal. Ninguém jamais o percebe, ele termina sempre iludindo a audiência. Nessa sociedade abalada pela violência de rivalidades miméticas, essa aptidão para a metamorfose poderia ser a arma fatal.

Seu objetivo, ao menos aparente, é fazer a paz entre a Cornualha e a Irlanda, portanto, entre o mundo dos homens e o das mulheres. Livrando o país de seus monstros, gigantes, dragões – todos irlandeses, a propósito –, o casamento se fará conforme o projeto de Tristão. Mas sem ele. E ele terminará perdendo a rainha que entregou a seu tio, após ter traído sua confiança, após o mais longo, o mais movimentado dos adultérios da literatura mundial. O fiasco é completo.

Aqui o reino de Eros não é menos implacável do que no interior dos muros de Troia. O jovem cavaleiro não era talhado para lutar contra esse deus, contra a mulher que sabia invocá-lo com as poções necessárias. O calor de uma noite de verão, uma praia deserta, o canto dos ceifeiros ao longe, um frasco de licor, e isso é tudo. De repente, nada mais existe além do olhar do outro, esse reflexo cativante pelo qual um e outro se veem um no outro.

O problema usual consiste em sondar as responsabilidades de uns e de outros. De onde vem essa infelicidade? A questão é ao mesmo tempo banal e grave, pois, por trás dela, trata-se de saber se, e em quais condições, Cornualha e Irlanda, mulher e homem, podem esperar uma reconciliação autêntica. Trata-se, novamente, de saber se e como é possível escapar ao poder de Eros.

Infelizmente, saímos da luz mediterrânea, estamos muito longe de Sófocles e de seus contrastes incisivos. O gosto e o hábito de julgamentos regulares, que opõem litigantes sutis em investigações rigorosas, estão inteiramente perdidos. É impossível remontar genealogias precisas e perscrutar nas origens a divisão do bem e do mal. Em qualquer ponto dessa história, como o licor delicioso e o veneno funesto, a graça e a fatalidade se misturam inextricavelmente. Tudo comunica, tudo penetra, tudo é coerente. Nessa atmosfera emocionante, as ações são muito pouco morais, só respondem ao seu movimento. Sem lar sereno, sem Ítaca nesses mares onde buscar refúgio, nenhum ponto de fuga – somente uma pobre capela à beira da falésia. A sociedade nunca é mais do que um campo de batalha, em que cada um luta por sua vida.

Se é necessário tirar dessa longa fita de ações um único fio verdadeiramente decisivo, estaríamos tentados a dizer que a infelicidade, nessa história, reside nessa tendência incoercível, incurável, de Tristão de se disfarçar, de dissimular suas verdadeiras intenções. De qualquer modo, ele tem intenções? Jamais saberemos: ele não diz. Esse pobre herói não se exprime, ou se exprime com uma grosseria espantosa. Isso é cômico, uma ou duas vezes. Acontece assim no barco que os conduz na Cornualha, quando Isolda pede a Tristão que explique o que lhe está acontecendo e ele começa a exaltar os méritos do Rei Marcos. Ela se enfurece contra o que considera desprezo da parte do jovem. "Que desprezo?", pergunta Tristão, sempre lamentavelmente estúpido nos assuntos do coração.

"Por que você me pergunta o que sabe perfeitamente?, replica Isolda. Meu pai estava pronto para me dar a você como recompensa, você me desdenhou e, usando como pretexto a fábula do cavalo de ouro, pediu minha mão não para você, mas para seu tio". Tristão não soube o que responder, pois lhe parecia supérfluo e irritante repetir detalhadamente a história das andorinhas, do cavalo de ouro e do compromisso solene assumido com o Rei Marcos[39].

O mutismo, e mesmo a afasia, de Tristão é magnificamente encenado, e talvez explicado, no episódio do dragão irlandês. No fim do combate, Tristão corta a língua do animal: o objeto será a prova de sua vitória. Seguindo uma ideia ao menos estranha, ele coloca esse apêndice venenoso em seu sapato. Marcha sobre ele, que o envenena. Sob o efeito do veneno ele cai e será novamente salvo pelos cuidados e poções da rainha.

Tristão, ao menos, possui um troféu. E o resultado de sua previsão é que, no momento desejado, não há necessidade de discurso longo diante da corte do rei da Irlanda: terá apenas que brandir o pedaço escondido, a ponta da língua serpentina. Elegante introdução. Perguntamo-nos o que a psicanálise deduziria desse amálgama bizarro – a criança incapaz de formular um pedido, o ingênuo que ignora os poderes da língua, que crê poder sem uma palavra colocar a mão e mesmo o pé sobre ela; um reino onde a língua carnal é uma manifestação que dispensa todo comentário, toda prece e toda graça. Terrível confusão.

---

39. Ibid., p. 52.

O resultado é que a jovem, Isolda, abandona a casa de seu pai sob um mal-entendido fatal: ela crê ter sido conquistada com grande esforço por um cavaleiro apaixonado por ela. Que nada: ele se apropria dela como de um simples resgate e se prepara para entregá-la a um quase velho. Horror.

Por que Tristão não fala? Porque não tem pais – o bom-senso se impõe. Porém, há órfãos que têm uma educação muito bem-sucedida. O que está profundamente errado? Para o sabermos é necessário nos voltarmos para a terceira vítima dessa história, no fundo, talvez, a mais patética. As vítimas são sempre interessantes de estudar: é sobre seus corpos que lemos o melhor, com as sevícias, a natureza do mal.

O pai desconhecido

O Rei Marcos, irmão de Blanchefleur, mãe de Tristão, é um rei solitário em meio a um bando de abutres, seus vassalos que cobiçam seus bens. Sem esposa, sem filhos – como dissemos. Ele dissimula, sob uma boina, suas orelhas de cavalo, talvez herança dubitável desses tempos distantes em que os patriarcas se identificavam com animais. Mais um que não ousa ser quem é.

Quando Tristão aparece, o rei vê nele o futuro de seu reino. Sua superioridade eclode imediatamente – ela reside, aliás, no fato de o orgulhoso jovem parecer perfeitamente desinteressado. No fundo, nisso, ele é muito mais perigoso do que os outros, mas o rei, experiente somente nas habituais lutas feudais, não o sabe. Ele crê que diante desse herói as rivalidades vão cessar, seu reino vai poder permanecer um reino: uma terra a legar e a governar, uma terra onde poderão reinar o bom direito, a justiça e a paz.

O objetivo do Rei Marcos é claro e lógico: ele quer que Tristão se case, que espose Isolda, que seja rei após ele – o narrador se dá ao trabalho de nos precisar. Porém, não o vemos se abrir diretamente a seu sobrinho. Eles não negociam um com o outro. Tristão deverá compreender e assumir seu lugar ao lado de Marcos, tornar-se filho junto a esse homem que gostaria de ser pai. Ele não conseguirá: eis o fundo da grande infelicidade dessa história, cujo verdadeiro título poderia ser *Tristão e Marcos,* porque é entre esses dois homens que o nó da trama é finalmente apertado.

Tristão nasceu para algo diferente da errância eterna através dos bosques e terras. Outro destino menos selvagem lhe era prometido – ele não o viu, não o conheceu, não quis segui-lo. A única coisa que o interessa é o corpo e o olhar para ele de Isolda, a loira; aí, ele se sente existir. Porém, ele criou as circunstâncias que tornam essa vida impossível. É impossível para ele conquistar inteiramente Isolda – essa Isolda que sabemos que lhe seria ofertada, que lhe seria dada não como uma maldição, mas como uma esposa.

Para recebê-la, porém, uma condição deve ser satisfeita. Mais forte que o dragão irlandês, seu tio, que para lá o enviou, faz uma exigência, uma promessa, uma só palavra, um reconhecimento, muito breve. Tudo lhe será dado, mas é necessário suplicar. E, na súplica, honrar o velho, o que Tristão jamais fará.

Ele jamais abandonou a desconfiança que mostrou desde o primeiro dia. É sob uma falsa identidade que se apresenta à corte de seu tio. A razão dada parece irreprochável:

ele esconde seu parentesco com Marcos para lhe mostrar seu valor, sem favoritismo. A ideia subjacente é que um sobrinho não seria, de outro modo, considerado com imparcialidade. Isso parte de um bom sentimento e é assim que se exprime no romance. Na realidade, devemos lembrá-lo, quando conhecemos a sequência, atitude semelhante anuncia também uma forma de desconfiança e de ameaça.

De ameaça: "Assim, ele saberá o que eu valho", minha superioridade será incontestável. De desconfiança: nada quero ter de ninguém. Essa independência indômita é o traço de Tristão. O herói mudo e solitário vem apenas para vingar ou subjugar – além disso, ele é antissocial. Disposição problemática em uma sociedade que só se organiza em torno de juramentos.

Tristão nada quer de ninguém: nada lhe será dado. E, ao seu redor, nada poderá oferecer, sua esterilidade é perfeita; sua bem-amada acorrentada a ele deverá segui-lo ao fundo dos bosques em uma destituição completa. Mesmo após três anos passados perto dela, não terá descendência. Poderíamos questionar, aqui, uma eventual esterilidade de Isolda, essa mulher estranha aparentemente sempre disponível ao desejo do homem, jamais indisposta pelo "que ocorre às mulheres". Poderíamos refletir sobre os efeitos das poções sobre a fertilidade humana. O que quer que seja, o reino de Marcos será perdido, Isolda morrerá sozinha após seu amado. *No future.*

Por meio da paciência, a confiança se aprende, os entes se domesticam, mas Tristão jamais foi educado. Por que o menino jamais cresceu? A resposta é simples: porque, antes dele, seus pais já haviam fugido. Blanchefleur e Rivalen se amaram apaixonadamente, desde o primeiro olhar; esse foi um amor à primeira vista do tipo mais belo, que, segundo todos os anúncios, deveria terminar bem. Nada se opõe *a priori* ao casamento dos jovens. Porém – estamos aqui apenas no capítulo 1 –, Rivalen está ferido, e Blanchefleur não consegue evitar o desejo de consolá-lo, e eis como Tristão é concebido, em uma irresistível e encantadora efusão. Fora de toda instituição, livre, audaciosa, autêntica: em nossa época, essa espontaneidade parece ainda mais bela, mais justa.

Infelizmente, se a verdade religiosa da família tem algum fundamento, se o ensinamento de Édipo deve ser retido, se é verdade que não viemos à vida por nossa iniciativa, que nossa origem nos escapa, então, talvez, não nos caiba dar a vida uns aos outros, sozinhos e sem recursos. Sozinhos se tomam, mas não poderiam se receber sozinhos: quer queiram ou não, a união do homem à mulher diz respeito a mais do que eles.

Aqui, a mãe se recusa a esperar pelas núpcias, deixa a casa de seu pai para seguir seu amado – solução clássica na época em que o rapto ou a fuga comum parecem muito evidentes. Quando ela morre no parto, o jovem pai desaparece sem deixar traço, sequer um túmulo... Assim, nada fica, nada dura, nem as existências humanas, nem as instituições que existem alhures para garantir a obra dos mortais através do tempo. Esse é, portanto, o deserto em torno desse menino. Tristão não foi acolhido; dele jamais poderemos dizer como de Édipo: "Vê, tu foste uma doação que tempos atrás ele recebeu de minhas mãos"[40]. Ele permanecerá estéril, incapaz de dar o que quer que seja, terminará por se assemelhar ao dragão que aterrorizava a Irlanda, monstro solitário de fogo e de enxofre.

Conclusão e transição

O conto é fascinante. Libera uma impressão de força e beleza perturbadora e é com um deleite singular que os leitores se perguntam se, depois disso, ainda poderão ser felizes. Sim, a beleza humana pode ser absoluta a ponto de nos fazer chorar mesmo que qualquer fidelidade ou qualquer reino se desfaça diante dela. Como se pode fazer política, governar estados, interessar-se por seus semelhantes quando se olhou somente uma vez para o ídolo?

Porém, se alguns puderam compor essa narrativa, é porque perceberam esse poder sem sucumbir a ele completamente. Se o encenaram, é porque não são seu joguete. Os adoradores de Eros, os vimos bem ao longo dessas páginas, são magníficos, porém mais ou menos mudos; o filme erótico dispensa diálogo. Não é necessário contar com Tristão para narrar sua história – salvo uma vez, brevemente, diante de Ogrin, o velho eremita no fundo do bosque, a quem os amados terminam pedindo conselho. Diante dele, por um momento, os jovens refletem sobre o sentido de sua aventura; "interrogam-se sobre sua sexualidade", diríamos hoje. Tristão tenta se justificar. Essa será a única vez e, premido a retornar aos seus ardores, não escutará os conselhos do sábio.

---

40. *Oedipe roi*. Op. cit., v. 1.020.

Para cantar a beleza humana é necessário colocá-la a distância. Se esse "distanciamento" é possível, é porque deve existir outro ponto de vista sobre os eventos, outro absoluto além da surpresa e do esplendor dos corpos jovens. Assim, para colocar em perspectiva e narrar a luta entre Cornualha e Irlanda, para conceber com tanta profundidade a epopeia dessa que parece uma guerra dos sexos sob o sol de Eros, talvez fosse necessário lembrar o contraponto da família mediterrânea, um pouco da felicidade de Ulisses, ou os mandamentos cristãos concernentes à família. São eles que inspiram Ogrin.

O naufrágio dos amantes, se quisermos levá-lo a sério, indica-nos em que direção trabalhar. O casamento, unicamente, deveria permitir superar o encanto erótico, freá-lo e canalizá-lo. Só o casamento sozinho parece aqui poder fazer do homem mais do que um predador, da mulher mais do que uma ídola – companheiros um do outro, os protagonistas de uma obra comum.

Todavia, se a solução se mostra, os desafios persistem. Escapar à influência de Eros para se refugiar no casamento, isso não é estar entre Cila e Caríbdis, fugir de um infortúnio para encontrar outro? Como o casamento poderia ser o lugar de uma liberdade protegida da influência dos pais?

Pois não se trata mais de renunciar à carga positiva do romance: Tristão, que liberta sucessivamente os bretões e os irlandeses, é um herói da liberdade. O orgulho de Isolda e a inteligência e obstinação do casal em fazer triunfarem seus fins trouxeram de volta em nós, página após página, o elã irresistível na direção de um tipo de glória humana, plenitude de independência, de lealdade e beleza que não se pode negar. Juntos, os jovens pretendem controlar e realizar seu destino: quem os culpará? Eles são indomáveis e aí está a razão de os amarmos. Suas submissões ou suas degradações apenas reavivam, por contraste, o desejo e o amor de sua liberdade juvenil.

Não esqueçamos mais essa glorificação. Sobretudo, em uma sociedade na qual o cristianismo, talvez timidamente e por outras vias, porém, continuamente, fala a favor da liberdade. A equação amorosa implica, a partir de então, a responsabilidade dos amados – é ela que tão cruelmente faz falta nos "arranjos" dessa história. Impossível continuar a dispor de mulheres e crianças como de bens particulares, objetos – o que faz aqui o rei da Irlanda com sua filha, por exemplo.

Mas, então, que lugar dar ainda ao pai, se não é mais o proprietário nem o senhor? Podemos substituir o *paterfamilias* romano, autorizado a expor seus filhos, a deserdá-los, a substituí-los por outros adotados? Para realizar o casamento é necessário inventar a figura de um pai que não seja um ente cruel, violento e todo-poderoso como Laio, nem um fantasma como Rivalen, nem um tio benevolente, mas, finalmente, mal identificado como Marcos. Um pai capaz de ordenar, mas aberto a uma perspectiva de emancipação, um pai honrado, porém, igualado – que tipo de relação estabelecer em uma proximidade semelhante? Com Heitor e Ulisses, os gregos tiveram a intuição. Mas nem eles, nem os romanos, nem os francos, nem os celtas produziram uma solução viável. Nesse tema, a salvação vem dos judeus.

2
Abraão, o pai judeu

Em um romance recente, *A mulher ruiva*, Orhan Pamuk, autor turco, Prêmio Nobel de Literatura e exilado político, propõe uma meditação impressionante sobre o drama de seu país, condensada e analisada a partir da relação pai/filhos, em que duas versões míticas são propostas para compreender a evolução dos personagens: uma versão ocidental a partir de Édipo e de seu pai Laio; uma versão oriental a partir da história de Rostan e Sohrâb. Essa epopeia persa do século X, intitulada *Shâh Nâmeh* e atribuída ao poeta persa Ferdowsî, conta como um pai, sem saber, incita seu filho ao combate e o mata.

Nessa simetria inversa, Pamuk discerne a figura da oposição entre Oriente e Ocidente. No Oriente, homens e mulheres são preparados desde a infância para a fatalidade do despotismo. Os pais podem matar seus filhos, não imaginamos o inverso. Graças a essa permissão, o poder se perpetua e é inalterável. São mundos imóveis e, portanto, confortantes mas violentos; finalmente, hostis ao progresso. A versão ocidental, grega, seria emancipadora: com certeza, o filho mata seu pai, mas, após uma relação excepcionalmente forte com sua mãe, conta sua história e se torna capaz de perpetuar a vontade do defunto edificando o mausoléu em sua memória. A vida continua; amarga, frágil, porém, livre.

Esse espelho das civilizações não é sem valor, e essa meditação nos provoca, sobretudo, se a colocamos no contexto vivido por seu autor, vítima intelectual da oposição secular em que a Turquia é terreno privilegiado, oposição entre Oriente e Ocidente, entre progressismo e reação.

Porém, é possível que Pamuk não tenha compreendido completamente a paternidade no Ocidente. Ela não pode se resumir ao caso de Édipo e Laio. A ideia que temos a desenvolver na parte seguinte é que uma alternativa foi encontrada entre os dois modelos simétricos. Os judeus inventaram uma paternidade não violenta, capaz de salvar a anterioridade do pai sem ameaçar os filhos, capaz de admirar a juventude, embora respeitando a velhice. A história de Abraão que está na origem dessas concepções é complexa; merece uma explicação.

De escândalo em escândalo

Abraão, pai dos devotos, é o patriarca universal dos "três monoteísmos", como gostamos de chamá-los. Pai indigno, pai escandaloso, pai espiritual. Sua história não é menos célebre do que a de Édipo, Jocasta e Laio: ele também escolheu matar seu filho, seu único, seu amado, aquele por quem, com Sara, esperou uma vida inteira: Isaac. Deus havia-lhe prometido isso, Deus havia-lhe exigido isso, em uma dessas injunções das quais a Antiguidade parece ter o segredo e que nos parecem completamente aberrantes: "Toma teu filho, teu primogênito, o que tu amas, Isaac, vai ao país de Moriah, e lá tu o oferecerás em holocausto sobre a montanha que eu te indicarei" (Gn 22,2). E, sem hesitar, Abraão obedece. Eis aqui a heteronomia? E a contradição!

A situação é duplamente contraditória: YHWH, criador da vida (é Ele quem é capaz de tornar fecundos dois velhos esposos), aparece como um deus sanguinário; YHWH, autor de uma promessa grandiosa, aparece como traidor de sua palavra. O filho, objeto da promessa, seria morto. A descendência infinita não teria mais qualquer chance de se realizar. Abraão *deve* obedecer e, ao fazê-lo, *deve* fazer Deus mentir. Deus criou uma situação propriamente inaceitável, uma vez que duas exigências igualmente necessárias entram em conflito: obediência a Deus de uma parte, vínculo familiar de outra – um vínculo familiar que é o próprio objeto da aliança com Deus. Se a religião não enlouquece depois disso, não sabemos o que pensar.

Em todo caso, Abraão, que soube conduzir uma negociação obstinada com o Todo-poderoso para abrandar sua cólera contra Sodoma, cede sem resistência à autoridade, sacrifica tudo à obediência. A caminho do culto supremo, leva Isaac a três dias de caminhada; erige um altar sobre a montanha, amarra seu filho e levanta a faca sobre ele. Assim são os pais. Todos sabemos: Isaac será salvo por Deus.

Nada compreendemos. Quem tentamos enganar? Que tipo de teste escandaloso é esse? Se a fé conduz a esses extremos, podemos também chamar isso fanatismo; a religião atinge aqui um ápice de manipulação. Após uma cena assim, todos parecem loucos ou ridículos: Deus, que se comporta como uma criança caprichosa; Abraão que se submete a todos os caprichos; e mesmo Isaac, completamente dócil.

Antes de tentar ver isso com mais clareza, podemos observar imediatamente o que o caso muda para nosso tema. Claramente, Abraão, retornando desse sacrifício fracassado ao lado de seu filho, não é mais um pai como Laio ou Rostam. Sua posição é ao mesmo tempo mais frágil e mais forte.

Mais frágil: aos olhos de seu filho, ele foi, por um momento, renunciado por Deus. Coloquemo-nos por um minuto na pele de Isaac, que vê o pai amarrá-lo, levantar sua arma sobre ele... e depois mudar de opinião. Inquietante hesitação para qualquer autoridade. Esse tremor e essa incoerência prejudicam inevitavelmente a imagem do pai. Eis uma demonstração sagrada, se ousamos dizer: o pai é falível. Seu sacrifício não é aceito: deve haver alguma falha.

E, contudo, podemos dizer também que Abraão sai do confronto mais forte, ou ao menos mais legítimo do que nunca. É um pai capaz de matar, mas que não mata. É um homem falho que Deus restabelece em sua dignidade. Compreendemos, portanto, que honrar seu pai, esse pobre homem, é paradoxalmente honrar Deus; a relação pais/filhos jamais será a mesma. Deus, um Deus único e ativo, convida-se no par e o salva duas vezes: primeiro, de sua esterilidade; depois, de sua história. É tempo de contar um pouco dela.

História de um canalha

Sim, a despeito das representações ulteriores, cheias de dignidade hierática, não há inicialmente outro nome. Um menino sujo no início, um sórdido no fim, um pobre sujo entre os dois: eis como parece, à primeira vista, o célebre patriarca da humanidade. Resumamos.

Como todos os rufiões, Abraão soube tirar partido de um contexto familiar difícil: as coisas não iam muito bem no clã Terá. Em algumas palavras, no fim do capítulo 11, a narrativa do Gênesis nos esboça o verdadeiro clã patriarcal antigo, com um chefe tirânico na liderança, arranjos incestuosos ocasionais (o tio esposa sua sobrinha), e também a esterilidade. Enfim, um clã que parece se dirigir à morte (Hâran/Harrân): de tudo isso se libera um cheiro de guardado.

Não há motivo, contudo, para se atemorizar: esse clã antigo só existe em vista da sobrevivência da espécie; sua inteligência consiste em sua resistência, sua rigidez, sua coesão. É uma estrutura conservadora que se reproduz, com seus condicionamentos e ferimentos, sem que ninguém cogite abandoná-la. Uma estrutura, porém, na qual dificilmente é possível dar ou receber verdadeiramente, pelo que se é pessoal e particularmente: todos estão condenados a ser sempre filhos de seus pais, e, consequentemente, além disso, esposar seus primos ou irmãos. Sem mistura com estrangeiros. Estrutura fechada, sólida, tenaz, porém, mórbida.

A voz interior que Abraão ouve o intima, conforme uma tradução possível, menos clássica, do hebreu: "Vai em direção a ti"[41]. É com base nessa ordem que ele decide partir. A voz precisa: "Tu terás uma descendência". O filho parte, portanto, em busca de sua humanidade: tornar-se um homem, tornar-se um pai, talvez, sem seu pai.

Tomemos a medida da transgressão. Vivemos hoje em um mundo no qual esse tipo de comportamento (abandonar sua família) é, a partir de então, admitido e até valorizado. Na época, é difícil cometer traição pior. O infanticídio é aceitável, praticado; mas isso, não. O ato faz de Abraão um completo pária: no mundo antigo, a pessoa existe em função de sua ascendência, de seu clã; existe caso possa designar seu pai, caso o reconheça e seja reconhecida por ele; caso tenha ancestrais, caso possa apontar seus túmulos, chegamos já a um tipo de nobreza, isso basta. Para Abraão, não é mais possível. Ele é mais nômade do que todos os nômades, ele abandonou a trilha.

Resultado: não há qualquer defesa, qualquer recurso diante do mundo, o que explica que o que segue, muito logicamente, desenvolva-se mal. Na primeira dificuldade, ele vende sua esposa – ao menos, ele a troca por sua segurança. Não sabemos se devemos rir ou chorar; o que é certo é que a aflição é total. Aparentemente, ele recebeu um verdadeiro tesouro, a pérola pela qual deve-se tornar o pai das nações e, além disso, beleza fatal. E, desde os primeiros anos de casamento, o "pai das nações" exige que sua esposa minta e o proteja, dormindo, eventualmente, com o líder local: o patriarca mais glorioso se comporta como um cafetão vulgar.

---

41. Tradução audaciosa, talvez, proposta por Marie Balmary em *Le sacrifice interdit* (Paris: Grasset, 1986).

Portanto, eis nosso jovem perdido que se tornou um pouco "cafetão". Quase podemos chegar aí, pois ele comete esse pecado horrível duas vezes, e seu filho, por sua vez, também o fará; é mais do que um acidente: um hábito? Eis o que se passa quando você escolhe negligenciar ou romper a solidariedade familiar: todos os vínculos estão em perigo; sua esposa, a carne de sua carne, não é mais do que uma mercadoria, o que torna seus filhos escravos; e você, menos do que nada.

Contudo, nem tudo está perdido. Sara lhe permanece fiel. E, depois, Deus continua a lhe falar. Abraão, em suas peregrinações, erige-lhe altares, jamais se esquece da fala inicial. Tratava-se de uma descendência inumerável. O filho se faz esperar, mas a prosperidade vem; o esperto capaz de abandonar pai e mãe, de negociar com os poderosos, de comercializar até com Deus, mostrou talentos políticos apreciáveis e se tornou um líder respeitado. Enfim, na noite de sua vida, a promessa se cumpre, aos 90 anos a velha Sara dá à luz o filho tão esperado. É, então, que sobrevém a mais alta dificuldade.

Podemos imaginar que Abraão encontrou um tipo de *modus vivendi*: patriarca respeitado, com a temível beleza de sua esposa um pouco fenecida, seguia em uma abundância confortável uma existência piedosa que lhe valia a consideração de seus semelhantes. Então, inesperadamente, o filho vem colocar tudo em questão. Isaac cresce; como todos os filhos, começa a se assemelhar a seu pai. Que surpresa para o velho, que emoção, sem dúvida, e que horror também! É necessário lhe explicar com quem ele se parece. Como todos os filhos para seu pai, Isaac traz consigo uma terrível prova de verdade. Quem sou eu para dizer a esse menino que se parece comigo quem ele é?

Eis, portanto, Abraão levado de volta a seus pais e a seus pecados, às loucuras de sua juventude, a seus desejos impetuosos: ser pai é ser reenviado a si, ordenado pela transmissão a percorrer uma linha genealógica da qual tem a responsabilidade exclusiva. Para Abraão isso será terrível, pois é um homem piedoso cuja piedade se define justamente por sua memória: ele erige altares para que ninguém se esqueça dos benefícios do Deus vivo, e, portanto, ele jamais esquece quem é e de onde vem. É todo esse imenso passado luminoso e ao mesmo tempo lamacento que é necessário compreender: esse é o primeiro aspecto de uma paternidade responsável – encarar o próprio passado, assumi-lo diante daqueles que vêm depois de nós.

Assim, a maturidade das crianças faz com que os pais retornem às relações que tinham com seus pais. Que dizer? Ou bem exageramos um conto ou inventamos uma lenda familiar, dissimulamos as provas, reconstituímos uma estrutura de pecados e mentiras como aquela da qual Abraão fugiu, a do clã Terá. Ou bem investigamos e dizemos a verdade. "Tua mãe é uma mulher velha que tive de oferecer uma ou duas vezes a estrangeiros; teu avô, com ele não falo há cem anos; a família está morrendo. Faz como eu: foge antes que seja muito tarde".

Eis exatamente o que Abraão deveria dizer para falar com franqueza. Essa solução honesta voltaria a ferir o coração de Sara. E isso seria muito duro, porque Abraão a ama, isso é certo. Quem quer que leia o Gênesis não poderia duvidar que havia entre eles um amor profundo: os esposos se perdoaram as coisas mais graves, esperaram juntos, deleitaram-se juntos. E, depois, têm um filho, não dois. Trata-se de não errar com ele. É justamente essa unicidade e esse desejo de perfeição que é mortal para Isaac.

O nó é terrível. É necessário preparar o filho para levar uma vida livre, é necessário preservar a mãe, é necessário agir com toda justiça em relação ao vínculo genealógico que existe entre mim e ele. É impossível. Aqui, estamos nós interiormente despedaçados; na perspectiva humana, não há solução. Reflitamos bem e admitamos, a qualquer custo: o drama de uma paternidade autêntica não tem solução. A situação que ela cria é, por natureza, trágica, ultrapassando as possibilidades de quem quer que seja.

Ser pai é dever ter uma relação para a qual, na perspectiva humana, não vemos salvação. Ser pai é salvar a unidade da história, reconciliar o passado com o presente, ainda que tudo nos escape e que sejamos manifestamente a pessoa menos qualificada para fazê-lo.

A única solução que Abraão pode imaginar é entregar o filho a Deus: sacrificá-lo. No fundo, não é o melhor destino para um filho? Ir em direção a Deus, diretamente. Essa solução Sara poderá aceitar; era praticada, de qualquer modo, mais ou menos na época dessa famosa terra prometida – sacrificar o primogênito, as tribos ao redor o fazem. Sara chorará, mas admitirá.

Na perspectiva religiosa da época, isso tem sentido. "Tu deste, eu te dou, estamos quites": eis o pacto com Deus. Isso equivale a tentar viver em harmonia com os poderes superiores, desconhecidos, inomináveis e que governam o mundo: "Eu te respeito, respeita-me". Como o pequeno é ainda puro como um cordeiro, é o momento – pois o sacrifício só é perfeito quando o objeto é puro. A doação, nessa mentalidade, é uma *troca*, toma lá dá cá; restabelecimento do equilíbrio; estabilidade. Abraão, por algum tempo, ainda pertence a esse mundo.

E, depois, enfim, não poderíamos reconhecer no sacrifício perfeito uma forma de paternidade para o resto da humanidade? Ao renunciar a esse filho tão tardio, tão milagroso, não seria Abraão o mais religioso dos homens? A promessa de Deus ("tornar-se pai de uma multidão") pode ser interpretada sobre um plano espiritual... eis, talvez, a maior, a mais irresistível das tentações!

Devemos compreender aqui que o sacrifício de Isaac seria, na verdade, a solução de Abraão em vez da ordem de Deus. A solução mais razoável, mais lógica, mas também a mais elevada, a mais verídica para o homem mais piedoso. Então, qual é o papel da injunção divina e como a compreender?

A verdade do pai

Seguirei, aqui, uma hipótese talvez um pouco desconcertante, mas que considero justa e que empresto, notadamente, de Marie Balmary, autora que tem o mérito de ser ao mesmo tempo exegeta e psicanalista. Seu argumento é muito simples, e repousa sobre sua observação e seu conhecimento dos procedimentos terapêuticos. Para compreendê-lo é necessário partir de algumas perguntas de educadores ou de médicos psiquiatras: como fazer para levar um ente dotado de razão e de vontade a ultrapassar seus condicionamentos, representações, esquemas inconscientes? Nenhuma pessoa renuncia voluntariamente à verdade que construiu para si, às defesas e aos princípios que se colocou. Como ir mais longe?

Abraão, como todos nós, é condicionado por sua experiência familiar. No clã Terá, ninguém jamais aprendeu verdadeiramente a ser pai ou filho na liberdade: os filhos são objetos, os pais são os líderes. Trata-se de elaborar outro modo de relação no qual uns e outros seriam suscetíveis de coabitar, sem perder entre si a autoridade ou a ternura. Os judeus atribuem a Deus o desejo de uma relação assim entre Ele e suas criaturas. Esse Deus quer ensinar a Abraão a ser um verdadeiro pai para Isaac, a mudar seu olhar para ele. Essa aprendizagem não poderia passar por um mandamento ou uma ordem exterior, mas somente por uma solicitação e uma pedagogia interiores.

Para conduzir os humanos, Deus lhes fala a linguagem que podem compreender, escolhe encontrá-los lá onde estão, entrar em seu jogo e jogá-lo com eles, a fim de sair dele. Se tentamos reformular sua fala, essa ordem tão chocante que Ele lhe dirige, poderíamos talvez dizer: "Tu queres me sacrificar teu filho? É verdadeiramente isso que queres? Faze-o. Vamos, vai até o fim de teu desejo. Deixo-te fazer".

Para ensiná-lo a ser pai, Deus arrisca a liberdade; a liberdade é seguir seu desejo mais verdadeiro. Qual é o desejo mais verdadeiro em Abraão? O que ele quer antes de tudo é uma relação pura e perfeita com Deus, e podemos dizer que se empenha para isso. Isaac compromete essa relação. Isaac crescido destruiu o equilíbrio estabelecido entre Abraão, Sara e Deus – a ordem que ele conseguiu atingir, ele, o pária sem confissão. Não há solução.

A injunção divina ("mata teu filho por mim") não é a verdadeira vontade de Deus: a prova é que Ele a renuncia algumas horas depois. Não é tampouco um teste ou uma encenação, mas é o amor que escolhe respeitar a vontade do outro. Não porque essa seja justa, nem bem orientada, mas porque é uma vontade; e uma vontade é sempre a coluna vertebral do ser, única garantia da dignidade humana, que por isso não deve ser violada nem quebrada. Trata-se de endireitá-la. Para isso é necessário, inicialmente, desentocá-la, fazê-la surgir em plena luz.

Deus respeita as vontades de Abraão e aceita inclusive a caricatura que faz dele – porque um Deus que exige um sacrifício de suas criaturas não é senão uma caricatura, odiosa caricatura, do Deus vivo. Porém, o Criador aceita passar pelo que não é. Longe de ser uma comédia, é um abandono patético. Deus entra no pensamento humano, o de Abraão; consente em ser aí mal compreendido, desconhecido, deformado: a menos que se viole tudo, há portas que só abrimos por dentro. E Deus nada força. "Faz de mim o que quiseres": eis o pensamento e a fala do amor incondicional. Eis o que Deus revela dele nessa passagem, e essa é a pedagogia que ele emprega para ensinar Abraão, por sua vez, a ser pai.

No momento fatal, tendo sido deixado livre até o fim, Abraão está em condição de ver e compreender a verdade de seu desejo, que é uma verdade divina. Não, seu desejo não é matar seu filho, de conduzir sua esposa e seu par em direção ao deserto de uma morte sem posteridade; agora, ele pode, enfim, entender a fala de Deus: vai em direção a ti, vive tua vida – tua vida, a verdadeira vida que quero para ti, uma vida de homem livre, não preso nem ligado por uma dívida genealógica a ser paga ao pai e imposta ao filho.

Não menos do que Édipo, a história de Abraão condensa um gesto de horror eventual da vida familiar: que, em nome dos princípios mais puros, um homem possa desejar e depois empreender a aniquilação do que tem de melhor, a única coisa que permite assumir e justificar as traições anteriores, o filho único. Fazer isso com a aparência da necessidade mais imperiosa, da justiça mais radical, matar a criança – isso ocorre, nós sabemos.

É nesse ponto preciso que sobrevém a salvação do Deus judeu. E o que é realmente divino aqui é que não apenas Deus salva o filho, mas eleva o pai diante dele. Abraão era visto por Isaac como fraco e desprovido, dócil, não como um pai à moda antiga, mas como um homem diante de seu Deus, um Deus que não se parece com Eros nem com Tanatos – nada mais digno existe no mundo. A autoridade que manifesta sua docilidade: o pai pode se tornar um irmão para seu filho. A congregação da humanidade se torna concebível. Consequentemente, o filho está pronto para se erguer ao lado de seu pai e receber dele sua herança, essa herança da qual ninguém jamais pode se desvencilhar: uma promessa de vida, promessa divina.

3
Abraão no Ocidente

Certamente, o clérigo do século XII, ou os peregrinos que contemplavam o tímpano de Leão ou capitel semelhante da Catedral de Autun, onde se encontra representado o sacrifício de Isaac, não entraram na interpretação psicanalítica que esboçamos com base em Marie Balmary. Os paradoxos essenciais que assinalam a narrativa bíblica não eram menos dolorosamente evidentes: independentemente da compreensão que os contemporâneos possam tirar dela, em cada época, a história de Abraão força as estruturas mentais e sociais – ela trabalha a história como um fermento.

Jérôme Baschet, antes de estudar as relações da alma e do corpo na Idade Média, foi o historiador da figura de Abraão durante esse período[42]. Ele nos conta como o Ocidente cristão se apropriou desse patriarca judeu, e quais são os temas que foram privilegiados.

---

42. BASCHET, J. *Le sein du père. Abraham et la paternité dans l'Occident médiéval*. Paris: Gallimard, 2000.

O pai da promessa

Primeira observação: essa apropriação não poderia ser fácil entre os gentios, e toda inteligência do Apóstolo Paulo foi necessária para conseguir a integração de Abraão no cristianismo nascente. Ao abandonar seu clã, ao receber e transmitir uma promessa exclusiva, ao impor a circuncisão a seus descendentes e seus servidores, Abraão é antes de tudo o fundador de uma religião étnica, o judaísmo. O cristianismo nascente, e Cristo, fazem manifestamente um grande esforço para se separar do culto judaico clássico. O Evangelho de João insiste assim na filiação divina de Cristo relegando o parentesco carnal a uma minoria. Jesus afirma fortemente que só há um Pai, que está nos céus. Contudo, os evangelhos tomam igualmente o cuidado de inscrever a filiação de Jesus no longo tempo de Israel até Abraão. E aqui está uma nova contradição acrescida à figura de Abraão, pedra de tropeço entre a necessária continuidade com o judaísmo e a divinização de Cristo.

É ao Apóstolo Paulo que cabe o mérito de propor uma resolução. Ele distingue entre a posteridade (*semen*) de Abraão e a filiação, que pode ser espiritual. Os cristãos são filhos de Abraão na medida em que realizam a promessa feita ao patriarca: "Não são os filhos da carne que são filhos de Deus, mas os filhos da promessa" (Rm 9,8). A posteridade carnal, que concerne somente ao povo judeu, é desvalorizada; uma forma superior de filiação é afirmada, a qual será fortemente repetida por Agostinho.

A partir daí, a figura de Abraão se torna capaz de prestar um enorme serviço à evangelização dos pagãos, como desejava o Apóstolo Paulo. O primeiro dos patriarcas permite superar a lei de Moisés para retornar ao fundamento da aliança. Era um problema importante da jovem comunidade do século I saber o que fazer com as prescrições judaicas. Os apóstolos e os primeiros discípulos são na maioria pessoas muito piedosas: não se tratava de abandonar os usos imemoriais do judaísmo. Mas Paulo, que evangeliza os povos pagãos, compreende que impor a circuncisão será impossível. Assim, o antigo fariseu passa a afirmar que a lei de Moisés é menos importante do que a filiação com Abraão. Cristo é o descendente de Abraão e os que seguem aquele se inscrevem nessa posteridade prometida por Deus.

As promessas de Abraão

Os cristãos, escreve Paulo, são filhos da promessa. Sejamos claros: a perspectiva cristã oferece prolongamentos singulares às palavras do Gênesis. Abraão é inicialmente identificado como ancestral de Cristo, como o recordam as genealogias que abrem os evangelhos de Mateus e Lucas. O que permite compreender que as nações anunciadas pela Escritura prefiguram a Igreja universal: Abraão é o fundador de uma genealogia da salvação, o pai de todos os povos que reconhecem Cristo.

Abraão, que sacrifica seu filho e o salva ao mesmo tempo, aparece em um segundo momento como uma figura do pai eterno. O sacrifício de Isaac, protótipo do sacrifício de Cristo: essa aproximação impõe a adoção de outra linha interpretativa diferente da que apresentamos acima, uma linha não contraditória, porém, diferente. Ela é desenvolvida por Santo Agostinho no capítulo 32 de seu *Cidade de Deus*:

Abraão jamais pôde crer que Deus se deleitasse com vítimas humanas; contudo, é necessário obedecer ao seu comando retumbante; não é possível discuti-lo. Mas Abraão deve ser louvado por ter acreditado aqui e agora que seu filho, uma vez imolado, ressuscitasse. [...] Portanto, esse pai piedoso, mantendo toda sua fé na promessa que deveria se realizar por aquele que Deus ordenou ser imolado, não duvidou, sequer por um instante, que esse filho, uma vez sacrificado, seria restituído a ele por aquele que o havia-lhe dado contra toda esperança[43].

A ressurreição de Cristo joga sobre Abraão uma nova luz: permite reconhecer nele a figura do Pai eterno, esse Deus que, em seu plano de salvação, admitiu a cruz de seu Filho. Essa aproximação ambiciosa disponibiliza Abraão para uma nova representação, que é sugerida por um versículo do Evangelho de Lucas, que anuncia, na parábola de Lázaro e do rico mau, que os justos se reunirão após a morte "no seio de Abraão" – o seio do pai.

Expressão surpreendente. O que a palavra "seio" designa aqui é o que a sabedoria comum atribui às mulheres: o lugar mais íntimo onde cresce a criança que está para nascer. Eis o pai dotado de um seio, um seio onde se encontrarão seus filhos após sua morte. O seio do pai é, portanto, o reino eterno após o Juízo Final: seio não carnal, seio espiritual muitas vezes desenhado pelos artistas dos séculos XI e XII que fizeram dele sua representação preferida do paraíso.

Um homem segura outro homem contra seu seio, como para o proteger: é o gesto do abraço benevolente dos mon-

---

43. AGOSTINHO. *Cité de Dieu*. Paris: Gallimard, p. 693.

ges. Um homem reúne em um lençol, como uma grande rede, contra si, uma multidão de pequenos personagens. Esses são os dois principais modelos iconográficos do que a Idade Média quis mostrar: a união da humanidade em uma mesma família reconciliada, a união perfeita do Pai e do Filho, imagem da afirmação impossível de Cristo – "o Pai está em mim e eu estou no Pai".

O paraíso abraâmico se extinguirá em breve: a idade de ouro gótica no século XIII preferirá outras representações do Reino dos Céus. Esse momento artístico – esses dois séculos de insistência em torno de Abraão – responde a um contexto identificado por Jérôme Baschet:

> A representação do seio de Abraão triunfa principalmente durante os séculos XI-XIII, no momento em que o parentesco é uma questão tão crucial nos conflitos nascidos dos esforços da Igreja para impor uma nova organização da sociedade. Foi aí que uma representação do paraíso em termos de parentesco pôde produzir ressonâncias mais amplas e que a ambiguidade sutil da figura abraâmica pôde desempenhar plenamente seu papel[44].

A árvore ocidental

Com efeito, a valorização de Abraão como pai da humanidade acompanha um vasto movimento de transformação da sociedade europeia. Caso tenhamos gosto pelas "revoluções antropológicas", aqui pode estar uma. Como dissemos, após Homero a sociedade ocidental era ideal-

---

44. BASCHET, J. *Le sein du père*. Op. cit., p. 178.

mente heterossexual e monogâmica. A Igreja cristã acrescenta: exogâmica.

Gregos e romanos já reprovavam o incesto; o direito romano previa quatro graus de parentesco de diferença entre esposo e esposa: impossível esposar primos. Sob o Império Carolíngio, os clérigos romanos retomam os textos imperiais e os reinterpretam utilizando o cálculo germânico, que faz com que, daí em diante, os esposos não sejam mais autorizados a ter senão um biantecedente comum[45]. Quando essa exigência se afirma, no século IX, demonstrar seus trisavós equivale, mais ou menos, a sondar a noite dos tempos – exceto, talvez, por alguns aristocratas particularmente eminentes. E esses aristocratas não estão dispostos a quebrar o círculo estreito de seus interesses matrimoniais.

Quais são as intenções da Igreja ao impor uma regra tão severa? Positivamente: o objetivo é aumentar os campos da "concórdia" e da afeição entre as pessoas[46]. Politicamente, para romper a lógica incestuosa desses clãs germânicos, onde casamentos internos permitem, geração após geração, confiscar o poder, onde se perpetuam lutas de poder sangrentas e absurdas. Será necessário, diz a Igreja, ir buscar esposa ou esposo em lugares diferentes dos seus. Será necessário difundir a fortuna. A preocupação genética não é ignorada pelos eruditos da época: a consanguinidade, escrevem, produz "monstros".

---

45. GAUDEMET, J. *Le mariage en Occident*. Op. cit., p. 114-116; LEFEBVRE-TEILLARD, A. *Introduction historique au droit des personnes et de la famille*. Paris: PUF, 1996, p. 137-138.
46. AGOSTINHO. "Les mariages consanguins". In: *Cité de Dieu*. Op. cit., p. 623.

Pouco a pouco, a disciplina eclesiástica se firma. Ela é simples: entre primos não há casamento, ou há excomunhão – a menos que se encontre, claro, algum clérigo complacente. Mas, mesmo aí, não se está protegido de processos diante dos tribunais eclesiásticos, de sanções pecuniárias mais ou menos pesadas. O Duque Guillaume da Normandia, talvez o maior personagem desse século XI europeu, esposando Mathilde de Flandre, oferece disso um dos exemplos mais célebres. Seus tios, com ciúmes dessa prestigiosa união de um sobrinho que, contudo, permanece um bastardo, denunciam a Roma um casamento consanguíneo. Os esposos, que desprezam a interdição pontifical, deverão, em gesto de penitência, edificar duas abadias em sua nova cidade de Caen. Sua união, parece, não foi menos feliz.

Assim, a nova lei da Igreja leva para diante dos tribunais casos cada vez mais numerosos. Resultado: torna-se prudente, e mesmo completamente necessário, estabelecer genealogias muito claras para fazer valer seus direitos. Compreendemos, portanto, o interesse dessa criação relativamente inédita da árvore genealógica. A mais antiga que conhecemos fora das famílias reais parece datar de meados do século X, a do Conde Arnulf de Flandre. Trata-se de uma "obra escrita ou desenhada para mostrar a filiação de uma família ou de uma pessoa". Ao mesmo tempo, os príncipes d'Anjou elaboram o mesmo tipo de documento.

O modelo é bíblico: dois dos quatro evangelhos se abrem sobre genealogias de Cristo até Adão. Antes deles, as genealogias ocupam um lugar notável nos livros do Antigo

Testamento – a própria estrutura da revelação divina no judaico-cristianismo é familiar. Em todo caso, muito rapidamente a alta aristocracia e depois o conjunto da nobreza também adquirem genealogias.

Elas têm grandes vantagens. Além do estabelecimento de casamentos indiscutíveis, a genealogia permite consolidar os títulos de propriedade. A linhagem medieval que vincula a pessoa a uma terra, a um lugar, é capaz de justificar uma possessão ou um poder novo. Essa aparição da genealogia, da linhagem, do nome, é indissociável do retorno e do progresso de uma cultura escrita. A reputação oral não basta mais, as transações se multiplicam e os notários, que garantem essas transações, não querem mais cometer erros entre os homônimos.

É necessário notar, porém, a originalidade desse novo recurso. Raras são as sociedades que não mantêm a memória dos ancestrais, mas essa memória pode ser organizada ou formalizada de diversos modos[47].

Em Roma, por exemplo, ela assume um ar de uma lista de nomes masculinos pelos quais primogênitos sucedem primogênitos. Esse cuidado de estabelecer precisamente a antiguidade de um nome continua a animar a sociedade medieval, que também gosta de decorar suas paredes com retratos veneráveis. Eis aqui, no século XI, a família de Lastours que pretende se vincular a Ferréol, bispo romano de Limoges que viveu no século VI, e a Lantarius, um senador do século VII. Nessa época, é de bom tom exibir um

---

47. Christiane Klapisch-Zuber faz sua história em *L'ombre des ancêtres. Essai sur l'imaginaire médiéval de la parenté* (Paris: Fayard, 2000).

ancestral carolíngio: o culto de Carlos Magno está em seu apogeu, como testemunha, em 1100, a primeira versão da *Canção de Rolando*. Certamente, é necessário dar provas de imaginação e audácia para exibir esses ancestrais: nessa época, a verificação autêntica de atos de famílias condais não vai além do começo do século X. No fim do século XII, um pequeno cavaleiro do reino da França poderia esperar remontar a meados do século XI: já está bem.

Porém, a árvore medieval não reproduz as genealogias romanas; ela integra igualmente os "nós" germânicos. Nas famosas *sippe* estudadas por Jean-Pierre Poly, um ancestral mítico liga os membros de um mesmo grupo – irmãos, irmãs, primos, todos os parentes. O conjunto desenharia uma pirâmide, estreita no passado, tão larga quanto possível hoje.

Esse desenho sobrevive. Inicialmente, por razões religiosas que acabamos de citar: trata-se, antes de tudo, de conhecer precisamente quem é primo de quem, e em que grau. Mas também porque nesses tempos feudais, nos quais a solidariedade de linhagem é um dever absoluto, é necessário poder convocar sem discussão uns ou outros ao campo de batalha ou ao tribunal. O clã germânico, com seus costumes, seus emblemas e seus vínculos, morre apenas lentamente.

Contudo, a nova representação da família ocidental será ligeiramente diferente. Seu princípio é menos unir um grupo do que distinguir uma pessoa. Sua forma é larga, muitas vezes expandida no alto e embaixo. Embaixo, encontra-se o *ego*, o eu, cujo dever não é, enfim, manter o clã, mas, em vez disso, como Abraão, sair dele para ir na direção de outra família. Honrar seus parentes, mas abandonar seu parentesco: a nova genealogia indica e circunscreve, a fim de organizar uma abertura e um movimento. Desse fato, no alto, encontram-se simetricamente ancestrais que, por mais honráveis que sejam, são também relativizados: não são mais fundadores míticos, figuras tutelares, mas homens e mulheres semelhantes aos outros que compõem o conjunto, todos inscritos em uma temporalidade mais geral, uma sociedade mais global. A representação orgânica, sob a forma de árvore, é feliz na medida em que sugere o caráter ao mesmo tempo determinado e dinâmico do fenômeno.

O sucesso dessas pesquisas e classificações será imenso. Leremos, em breve, ao longo da Europa e até na mais modesta burguesia, na casa dos pequenos camponeses que enriqueceram um pouco, esses "livros de razão" que começam sempre por uma evocação da genealogia. Esse se torna um elemento essencial da identificação das pessoas. Essa identificação se realiza sob três formas que são indissociáveis da afirmação da linhagem: o nome, os armoriais e, para os mais afortunados, a terra.

Os nomes efetivamente experienciam uma evolução característica: Monique Bourrin não hesita em qualificá-la de "revolução antroponímica". Nós nos lembramos que nos tempos merovíngios, após a queda do império, a forte estrutura romana foi dissolvida; as pessoas traziam apenas um nome mais ou menos aleatório, por vezes adaptado de um simples "filho de Untel".

Entre os séculos XI e XII, a maioria das pessoas no reino da França recebe um nome duplo: *nomen proprium*, ou nome de batismo, e depois o *cognomen* vinculando não mais uma única pessoa, mas um conjunto maior, mas sempre preciso. Ainda que aqui ou acolá o antigo sistema antroponímico subsista, como na Bretanha, ele invariavelmente desaparece. Por vezes, um nome pessoal aparece como segundo nome, mas não constitui necessariamente um nome de família – é o caso, porém, das linhagens de ancestrais famosos, como os carolíngios. Em geral, esse segundo nome é fabricado a partir de um vínculo, de uma ocupação, por vezes, de um apelido: Le Borgne [caolho], Le Roux [ruivo], Le Barquint [hesitante], ou outros. O mais frequente, sobretudo, na nobreza, onde a partícula já existe, é o nome de uma terra que predomina.

É difícil precisar o momento exato em que nasce o patrônimo, momento singular em que os filhos escolhem não se chamar mais como o faziam seus pais, "filho de…" (raramente, filha), mas se apropriar de uma palavra como emblema e sobretudo impor a seus filhos. Se ponderarmos sobre a decisão que implica, esse momento é muito impressionante, pois revela que esses casais do século XI tiveram o cuidado e a ambição de se inscrever não mais apenas em uma relação de filiação imediata, mas em uma linhagem e uma história de longo prazo. Esses foram, sem dúvida, modestos fundadores, que, a seu modo discreto, estabeleceram conjuntamente uma nova sociedade.

Essa emergência do patrônimo (o nome que se herda do pai) é indissociável de um progresso da patrilinearidade, ou seja, da identificação das crianças por sua ascendência paterna. Os matrônimos existem, mas são frequentemente o sinal de uma ruptura, de um acidente, de que, de uma maneira ou de outra, não se reconhece o pai. Constatamos, portanto, que, ainda que a patrilinearidade seja uma regra geral concernente à atribuição do nome, não é absoluta: a linhagem maternal importa sempre. O nome sozinho não faz a identidade social de uma pessoa. As relações familiares do lado materno podem não ser menos determinantes do que as outras, e o desenho normal da árvore genealógica é simétrico, empregando a igualdade nas direções masculina e feminina.

Último elemento de identificação: os armoriais. Como sabemos, esses são inicialmente desenhados sobre equipamentos militares a fim de identificar os combatentes nos torneios ou campos de batalha. Isso ocorre até o fim do século XI. Mas seu sucesso é extraordinário: em muito pouco tempo tornam-se hereditários, e desde então a maior parte da sociedade se apropria deles. Citadinos, camponeses, mulheres, clérigos escolhem e transmitem armoriais brasonados com uma ciência cada vez mais aprofundada. Conforme casamentos e gerações, esses brasões podem ser aumentados, compostos, destruídos, esquartelados. Sua descrição, a das cores e "guarnições" que os ornam, torna-se uma arte indissociável do conhecimento das linhagens: a brasonaria. O sucesso dessas imagens, mais tarde reconhecidas juridicamente como propriedade exclusiva daqueles que as portam, indica a força da ideologia de linhagem como representação da sociedade e da situação das pessoas nela.

A linhagem se tornou a sólida trama do tecido social ocidental. Sobre ele vão se tramar as relações humanas mais determinantes, relações suscetíveis de inicialmente sustentar as solidariedades e os intercâmbios que implica a vida social, mas também, eventualmente, a gratuidade da doação, o desejo das outras pessoas, sua liberdade. Para amarrar essa trama, era necessária a figura inicial, paradoxal, de um esposo que fosse ao mesmo tempo um pai perfeitamente legítimo diante dos humanos e um irmão perfeitamente humano diante do Deus único. Abraão oferece sua figura arquetípica.

4

José, pai silencioso

Não é muito difícil compreender por que a Igreja, em sua grande iniciativa de ordenamento das relações familiares, apropria-se da figura de Abraão. Ele, o homem que preferiu o apelo de Deus à solidariedade de seu clã, é o patriarca que relativizou a paternidade. Pronto a sacrificar a segurança de sua posteridade por obediência à ordem divina, torna-se, na estatuária medieval, um pai universal, acolhendo perto de Deus a humanidade reconciliada. Com ele, a Igreja não abole o severo *pater familias* romano, mas inscreve-o no contexto da salvação, abre-lhe a perspectiva do amor divino, propõe-lhe uma conversão. Lenta e sutilmente, isso modificará as relações e, com isso, o conjunto do organismo. Quando, a partir século XIII, a linhagem é admitida no âmbito da Cristandade, os temas religiosos se deslocam e se precisam. As representações do paraíso se enriquecem. Abraão se extingue, mas em benefício de outro pai, talvez ainda mais paradoxal: José, esposo de Maria.

O carpinteiro de Nazaré

O culto desse personagem está ligado, na Idade Média, à ordem franciscana. Parece que foram os discípulos de Francisco que erigiram a primeira capela em honra a São José em Toulouse em 1222. No Natal do ano seguinte, Francisco de Assis quer reviver a natividade: é a noite de Greccio e sem dúvida o primeiro presépio ocidental. Seu jovem discípulo, o português Antônio de Pádua, o mais popular dos santos latinos, será representado com o Menino Jesus em seus braços, como um primeiro ícone do jovem José.

Em breve, a visita do anjo, a decisão de partir para o Egito para escapar de Herodes, a educação paciente do carpinteiro de Nazaré, ornam os vitrais de todas as igrejas, são mostradas nos mistérios e nos presépios. José sustenta com firmeza e fidelidade a Sagrada Família cristã a partir do século XIII. Sexto IV, papa franciscano, introduz José no breviário e fixa sua primeira festa litúrgica em 1480. Os maiores santos o louvam, tomam-no por guia: Bernardo de Claraval, Bernardino de Siena, Teresa de Ávila, Francisco de Sales[48].

É necessário, contudo, uma penetração singular para ultrapassar a silhueta sumária que os evangelhos traçam, e admirar um personagem extraordinário. Antes de entrar no mistério, entramos, sobretudo, com ele em plena obscuridade: sabemos menos sobre esse patriarca antigo do que sobre Abraão. Ele é justo, teve sonhos, casou-se com Maria, sua prometida já grávida – eis nosso personagem esboça-

---

48. DOZE, A. *Joseph, ombre du Père*. Nouan-le-Fuzelier: Béatitudes, 1989, além de uma síntese eficaz de história da espiritualidade concernente a São José, oferece também uma meditação profunda sobre ele.

do. Mas ele não fala; desaparece a partir do fim do segundo capítulo do Evangelho de Mateus. Contudo, seu *status* de esposo permanece relativamente elusivo. A pintura ocidental, tão inspirada pelas Anunciações ou Natividades, reserva-lhe, habitualmente, um canto sombrio no fundo de suas composições e um único bastão sobre o qual se apoiar. Desse José é impossível fazer um modelo – esse poderia ser, aliás, um primeiro elemento de meditação.

Patrono da boa morte, faleceu entre Jesus e Maria – com certeza, a maneira mais feliz de partir: eis ao menos um título. Isso lá é muita coisa? É muito natural que vejamos nele o patrono de numerosas corporações profissionais e de trabalhadores em geral. A esse respeito, seu exemplo será uma referência: o cristianismo é também uma religião do trabalho. Adão trabalhou no paraíso, ele teve de reconhecer o universo. José, mais modestamente, é carpinteiro em uma aldeia completamente perdida no norte do país. Essa vida de artesão, que é a do Salvador até seus 30 anos, santifica as virtudes laboriosas, populares, que têm indiscutivelmente menos substância e brilho que as escolhas de Maria, as dúvidas e os martírios dos apóstolos.

De modo que José poderia ser o primeiro a anunciar a fala célebre de São Paulo, segundo a qual os cristãos buscam "não as coisas visíveis, mas as invisíveis, pois o que se vê é provisório, mas o que não se vê é eterno" (2Cor 4,18). Afastado das narrativas oficiais, da cena mundial, o trajeto que José percorre é inverso ao caminho radiante de todos os heróis antigos. Contudo, seu nada não é uma nulidade. A necessidade de seu papel e a perfeição de sua obra não podem ser questionadas: o carpinteiro de Nazaré não é um personagem acidental, um tipo de silhueta vagamente tenebrosa no fundo da crônica cristã. José abre e habita a parte invisível da história humana; ele é o pai humano no qual se apoia o Filho do Pai eterno.

O invisível

Como aproximar, como apreciar e comentar essa irradiação paradoxal de José que, por ser discreto, não é menos comum e contínuo através dos tempos e do mundo cristão? Como essa impossível Sagrada Família, com sua maternidade virgem, seu pai que está nos céus, pode se impor como uma referência durante tantos séculos? Que tipo de modelo concreto e prático ela oferece?

Aparentemente, aqui, é necessário mudar de referência. É necessário deslocar o ponto de vista, adotar outro método, encontrar o lugar identificado pelos evangelhos para considerar o caso a partir do único ponto de vista válido nesse *corpus* preciso. A cruz, lamentável e depois gloriosa, sobre a colina de Jerusalém, é esse lugar.

Recordemos uma vez mais as principais coordenadas do universo antigo. Lá, o mundo interior da casa, a vida privada, não recebe praticamente qualquer tipo de valor social. As mulheres eram escondidas; existiam basicamente para abrigar, nutrir, cuidar dos corpos viris antes de seu nascimento e na hora da morte. A ação autêntica e a chave do destino pertenciam aos homens capazes de segurar a espada e o arado, de aparecer e falar sob o sol. A história se escrevia na grande luz mediterrânea. Ela era espetacular. O essencial sobre essa terra era transmitir um nome – ilustre, de preferência – para garantir com a perenidade dos vínculos um mínimo de segurança. No fundo, a sabedoria judaica ainda não tinha, até aqui, desenhado uma visão muito diferente.

Com relação a isso tudo, os quatro evangelhos abrem uma perspectiva rigorosamente inimaginável. Desde a primeira página, não se trata mais de estabelecer a menor acomodação, de garantir uma segurança legítima, mais ou menos confortável, nesse ou naquele canto de terra. Trata-se da salvação do universo. Trata-se de uma vida para Deus, em companhia de Deus, uma vida de uma tal proximidade, de uma tal intensidade que relativiza todo o resto, descolore, desbota e seca repentinamente tudo o que é apenas terreno.

O livro é uma porta, essa porta gira em torno da cruz: aqui está o mundo; lá está o reino. Você entra ou não, você crê ou não. A escolha lhe cabe, com a graça. Essa via terrena continua, mas a verdadeira via está em outro lugar: os cristãos são cidadãos dos céus. A vida não é mais vivida em função da conservação da ordem mundana, mas de um reino por vir, eterno e universal.

Não se trata mais, portanto, de guerras, combates de homens contra homens, mas de uma luta contra o autor do mal e seus poderes, visíveis e invisíveis; uma luta espiritual contra o príncipe dos demônios em pessoa. A nova perspectiva é escatológica. Ela convoca à sua epopeia mística toda a humanidade passada, presente e futura.

A trama está amarrada desde suas origens, entrelaçada ao longo da história de Israel. Seu tema principal é sempre uma família. Em torno de Cristo, é a Sagrada Família que, sozinha, pode transformar para os pobres mortais o instrumento horrível de tortura em instrumento de salvação: ao pé da cruz, Maria; sobre a cruz, Jesus; acima da cruz, o Pai. Entre eles, a madeira ignóbil é revelada impotente para romper a comunhão, e só essa conta.

A partir disso, só podemos discernir a maternidade de Maria, a paternidade de José, a fala de Jesus, nesse plano de salvação eterna. O visível não é mais que uma vibração singular no centro de uma composição amplamente invisível.

Nessa nova estrutura, o prestígio tradicional da política está mais ou menos destruído. Cristo terá certamente uma existência pública. Ela será, na maior parte do tempo, decepcionante. As crônicas oficiais praticamente nada dizem sobre ela. Os evangelhos relatam principalmente uma crucificação. Se esse Jesus é o que Ele diz, de acordo com o que faz, o Filho de Deus, então, a agitação política das cidades, tribunais, governos, dos próprios templos, é singularmente diminuída. Essas instituições humanas mostraram suas falhas num momento crítico – nenhuma pôde reconhecer, honrar ou simplesmente defender o rabino de Nazaré.

Disso deduzimos que a verdadeira vida, a vida boa, a vida salutar, a vida capaz de dar a vida em um mundo violento, injusto, doente, essa vida se revela essencialmente a partir de uma sociedade modesta e oculta, inicialmente na família de Nazaré, primeira figura da Igreja universal. Maria é sua figura mais considerada, mas José realiza aí, ele também, uma tarefa precisa.

Um homem casto

O esposo de Maria: é assim que o personagem é abordado durante os dez primeiros séculos do cristianismo, sempre a partir e em função da figura de sua esposa virginal. Santo Agostinho deduz da virgindade de Maria a de José: essa parece a condição daquela.

José é essencialmente um homem casto. A sonoridade antiquada da expressão oculta o que podia ter de impressionante. Na Antiguidade, somente as esposas são castas, por razões evidentes que a etimologia recorda: elas são as guardiãs da legitimidade genealógica. A castidade do esposo é menos importante – será casto por necessidade em um mundo onde todas as mulheres seriam castas, e onde todos os homens se recusassem aos outros homens. Se tal mundo não existisse, os homens não seriam e nem teriam de ser castos. O ato sexual masculino, em si, parece derrisório, desprovido de importância e significação particular. A própria possibilidade de uma castidade masculina parecia, aliás, problemática: o testemunho dos deuses sobre esse tema era inequívoco. Para eles, sob o império de Eros, é inútil se rebelar. Quando o desejo se apresenta, exige satisfação.

A castidade masculina na Antiguidade é, portanto, negativa, geralmente equiparada à impotência ou à rejeição da carne de má qualidade: uma falha, um defeito. Em Esparta, ensina-nos Plutarco, os celibatários são vergonhosamente humilhados durante festas públicas. Não há, por assim dizer, celibato consagrado no judaísmo; se algumas seitas adotam seu caminho, são mais inquietantes do que populares.

O caso de José é diferente. Segundo os evangelhos, o menino não nasceu de seu esperma, Ele é gerado "pela ação do Espírito Santo". Essa é a fala que um anjo do Senhor lhe revela em sonho. O anjo acrescenta que "tudo isso ocorreu para que se cumpra a palavra do Senhor pronunciada pelo profeta: 'Eis que a virgem conceberá, e dará à luz um filho; dar-lhe-emos o nome de Emanuel, que se traduz: Deus conosco'".

Essa situação extraordinária confere imediatamente um conteúdo positivo à castidade de José: ela se torna uma profissão de fé. Antes de ser uma atitude de respeito por sua esposa, mãe do Salvador, é uma homenagem à divindade do Deus-pai.

A castidade de José, assim como a obediência de Abraão, ratifica a Escritura. Por ela, o homem consente na obra do Criador, ela o acompanha – o inverso exato do gesto de Adão. Ser casto significa aqui se retirar, deixar o campo livre ao que é maior do que si e se tornar, assim, testemunho de uma ação divina que ultrapassa toda a medida humana. Com esse título, José, o casto, pode receber sua função de auxiliar do Pai eterno. E, do mesmo modo como o Criador se afasta do universo que criou para realizá-lo, José se afasta daquela que designou como esposa para melhor amá-la. Mesma atitude, mesma liberdade.

A atitude de José determina, assim, a figura de Maria para todos os tempos futuros. Podemos pensar que a figura maternal da Virgem Maria não teria jamais conquistado uma influência assim, um prestígio tão grande através dos tempos, se não tivesse sido atestada por José. Vejamos por quê.

A tendência normal e natural do louvor à mulher é honrar nela a fecundidade, e, em torno dessa, o poder de Eros. Era o princípio das prostituições sagradas, das divindades matriarcais – tendências às quais Homero resistiu bem, como vimos. Ou, ainda, certas mulheres angariaram o louvor da cidade renunciando o estado conjugal: sendo as vestais romanas.

Maria não corresponde a qualquer uma dessas figuras. A esposa do artesão José é honrada pelos cristãos não por razões biológicas, mas em razão de seu famoso "sim": o ato de vontade que a levou a uma aquiescência terrível. Maria responde sim a despeito da ameaça de apedrejamento – o tipo previsto para as filhas-mães do Levítico –, sim, a despeito das sete espadas do velho Simeão e de todos as pragas de seu Filho: eis o princípio de sua glória.

Porém, a Madona das inumeráveis catedrais, capelas, estátuas, poemas e cânticos, a figura feminina por excelência do Ocidente, por Encarnação divina, essa jamais foi considerada uma "mãe-deusa" ou uma sacerdotisa qualquer, porque antes de toda fala e de toda outra consideração, ela foi inicialmente reconhecida por José como uma esposa casta.

Antes das Igrejas, antes da multidão de santos e discípulos, houve sobre a Terra a fé e o olhar de José, o homem justo, o noivo que conhecia as Escrituras não menos que o coração de sua noiva, o olhar desse José desconhecido que qualifica, certifica, mediatiza, sem que nos demos conta disso, todo olhar sobre Maria. Ela pôde ser considerada uma virgem pura porque José acreditou, obedeceu, defendeu a paternidade de Deus, porque era casto, porque aos olhos dos puros tudo é puro, e seu conhecimento é, portanto, certo. Desde então, os cristãos, conscientemente ou não, jamais olham Maria senão pelos olhos de José. A atitude de José torna igualmente possível a missão de seu filho. Não é somente uma questão de estado civil, é a revelação cristã que está em jogo. Pela fidelidade de José, Jesus poderá se dizer "Filho do Homem", e em razão da desaparição perfeita de José, o Cristo poderá anunciar perfeitamente o outro Pai, o Pai de toda humanidade.

O filho de José, o casto, poderá fazer da filiação a categoria fundamental da vida cristã, a via da salvação para aprender a ser conforme a via de Deus. Graças à santidade imaculada de José, Cristo pode manifestar a plenitude da vida divina. Compreendemos que a revelação completa da Trindade cristã supunha, esperava e repousa pela eternidade sobre o envolvimento silencioso de José.

Sua presença casta, essencialmente discreta e, por isso, ainda mais real, estabeleceu Maria em sua maternidade e Jesus em sua filiação. O carpinteiro invisível de Nazaré permitiu a esses dois entes aparecerem sobre a cena do mundo. Ele desenha, desse modo, uma nova divisão entre virilidade e feminidade.

Masculino e feminino cristãos

É um lugar-comum cristão apresentar Maria como mediadora. A mãe do Salvador é, entre Ele e a humanidade, a intermediária mais eficaz – o Evangelho atesta isso. A carreira pública de Cristo começa durante um casamento em Caná: "A mãe de Jesus estava lá", diz-nos João, e, como se diz, é a vigilância de Maria que determina a intervenção de seu filho, é sob sua intercessão que o primeiro milagre de Cristo é realizado. Mais tarde, como mãe ao pé da cruz, ela acolhe o discípulo que Jesus amava, conquistando, assim, pelos séculos dos séculos, as feições da Igreja universal.

Que tipo feminino parece provir disso? A questão fomentou inumeráveis meditações e é evidentemente presunçoso respondê-la em poucas palavras. Contudo, as respostas simples podem sempre fornecer um ponto de partida. Se, a partir dessa narrativa, admitimos um esforço de abstração, diremos que a mulher, seguindo os passos de Maria, torna-nos atentos ao que há de encarnado, de frágil, de imperfeito também no mundo mortal. A mulher, segundo Maria, concede sua solicitude à pessoa humana atualmente presente entre nós. Essa mulher conduz a atenção e a vontade para o particular no que tem de contingente, único, íntimo.

A partir do mesmo foco, José realiza o movimento inverso. Como figura do pai eterno, ele reconduz o pensamento e o desejo à origem universal. Porque essa origem é transcendente, escapando a toda representação humana, o testemunho de José só pode assumir a forma de uma retirada. Mas desaparecendo assim, após ter estabelecido a mãe e o menino, ele ainda nos ocupa. Trata-se sempre de realizar a obra do pai, não há outras, uma obra que envolve e interessa à humanidade inteira.

Esses dois movimentos contraditórios indicam também duas modalidades da luta contra o mal, quase exatamente inversas ao que o pensamento antigo poderia formular. Conforme a imagem apocalíptica, a mulher é aquela que esmaga a serpente: ela aniquila deliberadamente a figura mais caracterizada do mal. Ela luta abertamente contra um mal preciso e o suprime.

José se contenta em proteger a Sagrada Família da ação de Herodes. Ele organiza uma fuga. O mal continua a devastar o mundo até o fim dos tempos. É esse tipo de ação que deve inspirar a fala célebre de Cristo, quando ensina a seus discípulos que é necessário deixar prosperar juntos o grão bom e o joio. O mal será vencido pelo desenvolvimento interno, pela exaustão de seus efeitos, pela plena realização da história inteira. Face a ele, a atitude viril será, aqui, suportar, tolerar até o fim, deixando a Deus o julgamento final.

Eis a família de Nazaré orientada para duas direções contraditórias, uma para o particular, a outra para o universal. Eles não poderiam seguir uma sem a outra. Observemos sua igual dignidade diante dessa tarefa impossível, a salvação do mundo. Como o casal humano pode conciliar essa antinomia?

A instituição do paradoxo

O que é contrário nem sempre é contraditório. Sua conciliação é o próprio movimento da divindade cristã, divindade eminentemente paradoxal. O mais divino – o Menino Jesus – se remete ao que é menos divino – inicialmente, Maria.

Essa, tornando-se mãe de Deus, abandona-se ao que parece ainda menos divino do que ela: José; esse que não recebe inicialmente o menino em seu seio, nem mesmo em seus braços. Na primeira criação, Eva veio após Adão; na nova criação, não há dúvidas quanto à primazia de Maria sobre José. Porém, a humildade do menos divino dos três eleva-o à altura do Pai mais divino, o que faz com que os mais divinos – Maria e o Menino Jesus – o vejam, por sua vez, com admiração e reverência. E esse olhar para José deve levar novamente à confusão completa do homem, sua diminuição e sua humildade. Dinâmica do amor.

Essa não é somente uma teoria psicológica coerente. Esse motivo profundo, pelo qual "quem se abaixa será elevado e quem se eleva será abaixado" anima e estrutura, do início ao fim, essa "instituição do paradoxo" que é a Igreja, como descreve Jérôme Baschet no Ocidente medieval[49]. A ordem que ela instala permanecerá classificada pelas sociologias como uma "heteronomia": sob esse título podemos sempre suspeitar de um perigo para a "autonomia" da pessoa ocidental. Porém, essa heteronomia não atua mais como aquela que opõe os humanos a essas grandes forças gregas descritas antes, Eros e Tanatos, desejo e morte. Não se trata mais de uma hierarquia em um dualismo fatal, mas do encontro de uma *dualidade* em uma trindade. Esse contexto modifica tudo.

Na sentença famosa citada anteriormente, "quem se abaixa será elevado e quem se eleva será abaixado", a situa-

---

49. BASCHET, J. *La civilisation féodale, de l'an mil à la colonisation de l'Amérique*. Paris: Flammarion, 2006.

ção de baixos e altos se relativiza pela ação de um terceiro termo que não é baixo nem alto, o único que pode mensurar essas alturas, elevar uns e abaixar outros. É nesse sentido, como observa com muita pertinência Jérôme Baschet, que devemos falar de dualidade e não de dualismo[50].

A única atitude lógica num contexto assim é nos abaixarmos sem cessar, o que supõe ter alguém diante de quem nos abaixarmos; sermos, portanto, continuamente elevados; elevarmos, então, outros sobre nós e nos abaixarmos ainda mais, aumentando, assim, todos juntos, a altura e a profundeza da sociedade. Isso é exatamente o que vivem José, Maria e Jesus.

Somente o amor permite esse paradoxo. Somente o amor pode alimentar um movimento assim aparentemente contraditório, de instalação e subversão permanente de hierarquias. Somente o amor confirma incessantemente cada um em uma posição própria, eminente e cada vez mais absoluta. Somente o amor permite, ao mesmo tempo, relativizar indefinidamente essa posição.

Eis por que no cristianismo o amor é revelado como uma trindade que assume o aspecto de uma família, e por que a família deve constantemente ser entendida como vida e como movimento. As relações familiares são convocadas para nomear Deus e esse nome de Deus aplicado às figuras familiares, por sua vez, transforma as instituições humanas.

---

50. BASCHET, J. *Corps et âmes, une histoire de la personne au Moyen Âge*. Paris: Flammarion, 2016. Cf. esp. "Âme et corps: une dualité non dualiste", p. 21-61.

Cristo se apresenta como o Filho do Pai, dizendo de toda eternidade: "O Pai está em mim e eu estou no Pai". Essa impossibilidade lógica supõe a ação do Espírito Santo para ser reconhecida. Observaremos, de passagem, a que ponto a analogia familiar desvia a experiência terrena. A relação de filiação divina nega o que define a filiação humana, ou seja, com a sucessão das gerações, a anterioridade e a inevitável superioridade do pai. O pai terreno é aquele que corta o cordão e lava a criança, que, desde seu primeiro instante, salva-lhe a vida: eis quem lhe dá autoridade, quem cria uma dívida impossível de pagar. O Pai celeste em nada é superior ao Filho. Porém, o Filho veio revelar o amor do Pai.

Posteriormente, Jesus torna seus amigos "filhos adotivos do mesmo Pai". Maria, mãe de Cristo, é também filha de seu Deus, que é seu Filho. Ela pode chamá-lo seu filho e seu irmão diante do Pai. Se o assimilamos à Igreja – isso será um princípio exegético afirmado oficialmente no século XII: tudo o que se diz da Virgem pode ser dito da Igreja, ambos *Dei Genitrix* –, então a Virgem é mãe de seu próprio pai, esposa de seu irmão, esposa de seu filho, o que faz o Papa Inocêncio III: "A criatura concebe seu criador, a filha, o próprio pai".

O mesmo vale para José: quanto mais ele, humilde e dócil, reconhece-se filho de Deus, mais se afirma diante dele como pai pleno de autoridade e de sabedoria. Seu parentesco se estende em breve à Igreja inteira. A própria divisão sexual é relativizada: Cristo é homem, mas é a cabeça da Igreja que é seu corpo pelo qual nutre seus filhos, o que apenas uma mãe pode fazer. Do padre abade em um monastério, dizemos nessa época que é também a mãe de seus monges, pois cuida deles como uma mãe de seus filhos.

No século XIII, Ângela de Foligno poderá descrever os efeitos do amor divino em termos surpreendentes e, contudo, muito excêntricos:

> Sim, essa alma plena do amor desse amado tão doce deseja possuí-lo, e desejando possuí-lo, beija-o; abraçando-o, une-se a Deus e Deus a ela na soberana doçura do amor. E, então, a força do amor transforma a amante no amante, e o amante na amante: a alma beijada de amor divino pela força do amor se transforma em Deus, seu bem-amado, tão docemente amado por ela, como o ferro incandescente recebe nele a forma do fogo, sua cor, seu calor, sua força e seu valor, como se se tornasse fogo[51].

Jogo de palavras, podemos dizer. Mas a sociedade inteira joga esse jogo durante quinze séculos: em toda parte, igrejas e conventos recordam aos pais de carne que existe outro pai, outra mãe, figuras abstratas e muito concretas ao mesmo tempo, pois toda boa irmã também é chamada "minha mãe", e o menor sacerdote recebe o nome de "pai". Duplicação de categorias, pluralidade de figuras.

Uma pessoa cristã é filha de seus pais, filha de Adão no pecado, filha de Abraão na promessa, filha de Cristo na redenção, filha da Igreja na Salvação, filha de Maria e de José no cotidiano de sua vida passageira. Batizado, um cristão é proclamado "sacerdote, profeta e rei", ainda que de uma

---

51. ÂNGELA DE FOLIGNO. *Le livre des visions et instructions.*

maneira menos eminente que um sacerdote ordenado, sua vida espiritual consiste em sempre esposar melhor sua santa mãe, a Igreja, tal como deve fazer sua esposa de carne, esposa que é sua irmã diante de Deus. Juntos terão filhos no mundo, mas sua vida de cristãos participa na fecundidade da Igreja que engendra sem cessar os filhos do céu; com ela, aprenderão a reconhecer irmãos e irmãs em sua progenitura, e se essa não for sobre esta Terra, ao menos, lá onde "não há mais judeu nem grego, escravo nem pessoas livres, homem nem mulher", mas somente pais de amor em meio aos corpos gloriosos.

Patriarcado cristão

O que acontece com o "patriarcado" ocidental nessa estrutura em mudança? Ele continua, com certeza, a estruturar a paisagem geral; o direito confirma, não negaremos. Porém, a atmosfera se modifica lentamente; a figura tutelar do José justo não determina o mesmo clima que a do Rei Agamenon. Desde os evangelhos apócrifos, fonte rica de inspiração para as fábulas medievais, a imagem de um pai injustamente autoritário já é ridicularizada: vemos nela Jesus menino repreender o próprio pai para instruí-lo, para elevá-lo a uma melhor humildade. Ovídio, o mestre romano das metamorfoses mais perturbadoras, não imaginara subversão semelhante.

Se a estrutura exterior – o patriarcado – permanece a mesma, é possível dizer com exatidão o que mudou? Patriarcado e matriarcado designam fundamentalmente estruturas e relações de poder. Em uma estrutura ou em outra, trata-se sempre de saber quem decide, quem julga, quem nomeia e segundo que regras. Ora, a dinâmica cristã consiste não em negar, mas em converter as relações de poder.

A família definida por José, Maria e seu filho trinitário é um lugar de abolição dos poderes. Não que a força seja desprezada ou negligenciada, mas o poder de um não se impõe mais ao outro: "Se um de vocês quer comandar, que se faça servidor de seus irmãos" – essa frase de Cristo pode ser considerada uma herança da experiência de Nazaré, da vida familiar entre José e Maria. A escravidão do amor quer que as vontades trabalhem para se unir. No lugar do poder, a autoridade: de um lado a responsabilidade de fazer crescer; de outro, a decisão de obedecer. Em perspectiva, a concórdia, ou seja, a comunhão dos corações.

Recordemos: ao descrevermos a heteronomia do mundo grego, afirmamos que os humanos encontravam sua melhor medida em seu confronto com as forças divinas. Eles saíam destroçados, mas crescidos; face aos deuses, encontravam a ocasião do heroísmo e o motivo de uma glória memorável. Quisemos pensar que essas glorificações não eram um jogo vão de "representações sociais" que, rompendo com uma certa economia mundana, inauguravam a possibilidade de um ato absolutamente gratuito, de uma vida ofertada para todos. Após eles, tornou-se concebível dar sem contar. Portanto, Heitor é realmente amoroso, não quando acaricia Astianax diante de Andrômaca, mas quando morre dignamente para honrá-la.

Na nova estrutura, cristã, que acabamos de descrever, a natureza da heteronomia se modificou, seu campo se ampliou, as modalidades e as possibilidades da doação se estenderam prodigiosamente. O Deus que compartilhou a humanidade de suas criaturas pode ser reencontrado, reconhecido até nas mais modestas ocorrências da existência. A oferenda de si, menos espetacular do que a de Heitor, torna-se uma virtualidade permanente da vida social que cabe a cada um compreender. Aqui começa a narrativa infinita das vidas de santos, homens e mulheres que se esforçaram durante séculos para identificar essas virtualidades para colocá-las a serviço, para publicar sua experiência de amor em cada dimensão da humanidade.

Uma vez que a salvação chegou ao mundo sob o título de *Logos*, fala, uma vez que o Filho é o "Verbo de Deus", a "Fala eterna do Pai", toda fala humana recebe um alcance, uma densidade nova. Inicialmente, Jesus, e, depois, José e Maria em torno dele santificam o casamento que se torna não apenas uma instituição necessária à boa ordem social, mas um sacramento autêntico, lugar da salvação.

É difícil representar o aumento de dignidade que uma proposição como essa pode conferir a todos os casais cristãos. Daí em diante, não importa quem, todos – o mais modesto artesão, a mais humilde camponesa – podem encontrar em sua vida conjugal o recurso de uma dignidade que os iguala aos mais poderosos, que os assemelham a José e Maria, que lhes confere uma parte restrita, sem dúvida, mas incontestável, de responsabilidade no advento do Reino de Deus. Essa universalidade não existia nos gregos. Lá, os túmulos enobreciam; aqui, a união nupcial.

O progresso ocidental

Acabamos de descrever a crença geral, cujas promessas e perspectivas se refletem incessantemente na arte e no jogo sociais, de oferecer a todos e a cada um a possibilidade de encarnar. Não é o projeto deste livro, já dissemos, reconstituir o conjunto dos fatos sociais, jurídicos, e mesmo políticos que procedem do fenômeno familiar. Insistamos, contudo. Do mesmo modo que a Igreja medieval não é simplesmente um tipo de museu ou instituto cultural, mas um autêntico poder mundano com seus príncipes e tribunais, suas histórias não permaneceram lendas piedosas contadas à noite ao redor do fogo.

A canonização de Luís IX é, para o reino da França, um evento de imensa amplitude. A santidade do rei repousa notadamente na inabalável fidelidade que mostra em relação à sua esposa, Margarida da Provença – concederemos que, sem ser necessariamente heroica, essa virtude é, na verdade, rara em meio aos reis – bem como à educação que teve o cuidado de dar a seus filhos. Luís IX, por convicção cristã, respeitou e honrou seu casamento. Uma história a mais, um vitral suplementar nessa galeria ideal?

Citemos alguns fatos gerais significativos, esperando justificar, assim, a ideia de um "progresso" geral. A partir do século XIII, ainda ocorre de as crianças serem colocadas em outras famílias quando os próprios pais não podem mais satisfazer suas necessidades. É, de passagem, um traço que as classes mais modestas compartilham com as mais elevadas, onde as crianças aristocráticas vão obter sua educação na casa de parentes ou de protetores mais elevados: as famílias não são fechadas.

Porém, não se trata de crianças expostas nem vendidas. Crianças abandonadas à noite no pátio de uma igreja, sim, sempre: a desgraça é antiga. Mas a diferença com a situação anterior salta aos olhos. O poder paternal não envolve mais o direito oficial de jogar para fora do lar esse ou aquele de sua progenitura. Os historiadores concordam em dizer que o caso dos filhos ilegítimos são mais raros. Lares mais estáveis, esposos mais fiéis. Parece que o habitat, não sem nuanças e variedades, evolui globalmente para uma célula cada vez mais particular, abrigando um único casal que habita com seus filhos e, por vezes, com os avós. As fratrias se separam, tios e tias se distanciam um pouco: a individualidade progride em um espaço que vai sempre tender a se afrouxar. Além disso, o direito assim como os costumes protegem cada vez melhor as crianças, cada vez mais reputadas intocáveis. O impressionante estudo judiciário de Claude Gauvart sobre a França dos séculos XIV e XV revela, por exemplo, dentre outros fatos, que uma jovem ameaçada de estupro, que toma uma criança em seus braços, geralmente interrompe o furor de seus agressores[52]. O conjunto da sociedade parece evoluir em um sentido mais pacífico e mais aberto.

Essa sociedade, ensinam-nos os arquivos, é verdadeiramente mista: homens e mulheres trabalham juntos, saem juntos, misturam-se livremente no espaço público. Com certeza, as mulheres tomam certas precauções, aventurando-se longe de seus locais menos que os homens. Mas as

---

52. GAUVART, C. *"De Grace especial". Crime, État et société en France à la fin du Moyen Âge*. Paris: Publications de la Sorbonne, 1991.

imagens e os textos narram mulheres indo à igreja, em viagens, na taverna, bebendo como homens, não menos embriagadas que eles, aliás. Eis aqui Robin le Boutillier, em 1416, que partiu em peregrinação de sua paróquia com sua esposa e seu cunhado; todos juntos terminam a noite na casa do cura, onde há uma taverna.

Qualificaremos essa sociedade de inclusiva? Ela parece inteiramente organizada em torno do encontro entre homens e mulheres, numa distinção de gênero que podemos considerar infeliz, mas que guarda suas razões, numa igualdade de dignidade por vezes ameaçada, mas geralmente reconhecida e defendida.

Aqui, menos ainda que em Homero, "heterossexual" não poderia designar unicamente um tipo de relação carnal, íntima: o conjunto das relações humanas se colorem dessa diversidade, a sociedade inteira é animada e ordenada por esse encontro. Para verificar isso, e as formas que essas ideias puderam assumir no imaginário coletivo, sigamos nosso método e escutemos algumas histórias suplementares.

Parte III
O amor no casamento

Tentamos descrever a afirmação de uma paternidade paradoxal – essa paternidade que manifesta sua glória preparando e realizando sua própria desaparição, abandonando a dignidade paternal em benefício dos filhos. A partir dessa primeira conversão, todos os vínculos são progressivamente alterados: as relações conjugais, filiais, fraternais são alternadamente conquistadas por essa dinâmica interna da paternidade. Essa informação progressiva, eis o que vamos tentar apreciar através de três exemplos literários. O primeiro é um pequeno romance do fim do século XV, intitulado *Le réconfort de Madame du Fresne* [A consolação da Senhora du Fresne]. O segundo será a peça mais célebre de Corneille, *O Cid*; para a terceira, abandonaremos a literatura para apreciarmos a escrita de um esposo bem real: o Duque de Saint-Simon.

Porém, antes de estudar esses casais célebres, tentaremos apreciar sua originalidade descrevendo o fundo sobre o qual se mostram. Assim como Tristão e Isolda nos ofereceram um contraponto para vislumbrarmos a paternidade segundo as Escrituras, as aventuras de Eneias, o herói de Virgílio, vão nos permitir descrever a tradição ocidental antes do que poderíamos chamar o romantismo conjugal cristão, antes da idealização do casal apaixonado.

1
Casamento clássico

A ambição de Virgílio ao escrever *Eneida*, no fim da década de 30 antes de nossa era, é imensa. Ele tenta contar as origens de Roma para compreender seu extraordinário sucesso e legitimar o jovem império, recentemente fundado por Otávio Augusto.

O poeta inicia essa obra alguns anos depois de a República ter caído, incapaz de dominar o imenso território sobre o qual sua autoridade se estendeu em menos de dois séculos. Um único homem governa a partir de então, sem divisão, um império que associa a África do Norte à Gália e ao Oriente Médio. Um destino assim só pode ser providencial: assim como Atená apoiou Ulisses, Eneias – e seu sucessor, Augusto – são eleitos por Juno (a Hera grega).

A obra conjuga, portanto, a meditação histórica e a propaganda política, mas exprime também nesses tempos problemáticos um desejo de retorno às fontes da romanidade, a exaltação de uma tradição específica. Não é sem interesse constatar que, para expressar esse desejo, o autor empresta dos gregos as formas e os temas de sua narrativa fundadora, inspirando-se em Homero.

Retorno à Itália

A história conta a epopeia de Eneias. Essa nasceu da paixão de Afrodite (Vênus em latim) por um pastor do Monte Ida, descendente do fundador de Troia, chamado Anquises. Após a destruição de Troia pelos aqueus, Eneias, seu filho Ascânio (ou Iule) e os troianos formam o plano de unir a Itália – origem suposta da nação troiana. A rota é longa, perigosa, e uma tempestade violenta os faz desembarcar na África, em Cartago, onde são acolhidos pela Rainha Dido.

Essa pede para Eneias lhe contar suas aventuras: é a ocasião de ouvir a narrativa da queda de Troia e dos anos de errância que sucederam a derrota. Tantas desgraças e glórias tocam o coração da rainha, que se apaixona por seu hóspede. Infelizmente, a união de Eneias e Dido se dá da maneira mais trágica. Apaixonadamente envolvida, Dido se esforça em vão para manter Eneias perto dela, mas esse deve obedecer aos deuses e realizar sua missão. Desesperada, a rainha termina por se imolar sobre uma pira.

Após uma pausa na Sicília, Eneias chega à Itália. Guiado pela sibila de Cumes, desce ao inferno para reencontrar seu pai, Anquises, uma última vez, e obter as profecias da fundação de Roma. Nos Campos Elíseos, onde o herói pode ouvir seu pai, tudo já está escrito:

> Aí, agora, olha e contempla esse povo,
> Teus romanos. Vê César e todos os filhos de Iule
> Como do céu imenso eles verão a luz.
> É ele quem frequentemente tu ouviste prometer.
> Pelo divino César a idade de ouro renascerá
> Da qual Saturno tempos atrás do Lácio foi rei[53].

---

53. VIRGÍLIO. *Énéide*. Paris: Gallimard, 2015, p. 559.

A sequência é sem surpresa. Os habitantes da Itália resistem, mas não têm chance contra os troianos: as alianças com os deuses, os cercos e os combates se sucedem sem trégua até o último canto que fecha a epopeia pelo enfrentamento entre Eneias e Turno, rei dos rútulos, e a vitória de Eneias.

O canto IV é, certamente, o mais significativo para nossa proposta. Nessa obra memorável, ele conheceu a posteridade artística mais considerável – basta apenas pensar na ópera do inglês Henry Purcell. É verdade que Virgílio conseguiu aí uma evocação particularmente poderosa da paixão amorosa[54]. A passagem ilustra, ao nosso ver, três dimensões do casamento e do amor como figuravam os romanos, três dimensões que determinaram por muito tempo a apreensão das relações conjugais, três dimensões que o cristianismo trabalhará para redefinir.

O casamento é um ato político

Político, o casamento sempre é, quase por natureza, isso que associa duas famílias estranhas num vínculo exclusivo. Assim, as uniões romanas são, durante os primeiros séculos, antes de tudo, uma ocasião de criar alianças entre famílias. Os genros buscam belas famílias poderosas, suscetíveis de lhes proporcionar as relações necessárias para uma carreira sólida; os pais das filhas buscam homens jovens ambiciosos, capazes de sustentar um papel importante na vida pública. Nada disso é muito original.

---

54. É comentado notadamente por Pierre Grimal, em *L'amour à Rome* (Paris: Les Belles Lettres, 1979).

Os interesses da família e da cidade se conjugam naturalmente sem consideração pelas inclinações pessoais. As moças não podem se casar antes dos 12 anos, mas muitas vezes são prometidas muitos anos antes de atingirem essa idade, muitos anos antes, portanto, de terem podido emitir a menor opinião. A situação é um pouco melhor para os homens jovens. O casamento se apresenta, portanto, como um ato público, respondendo às exigências da vida coletiva; isso prevalece sobre qualquer outra realidade ou consideração.

A força de Roma reside, sem dúvida, nessa energia exercida no seio de um grupo, no desprezo pelos desejos individuais, nessa união que faz a força. A moral romana é, inicialmente, uma moral coletiva pela qual as individualidades se dissolvem no grupo, consagram-se inteiramente à comunidade, dedicam-se aos outros, sacrificam-se pelo ideal da cidade. Um romano, apenas, nada é. Existe apenas porque seu pai o reconheceu no nascimento e o integrou à família, e depois o inscreveu nos registros do Estado que ganha, assim, dois braços suplementares para o defender e nutrir. Quando uma criança vem ao mundo, a fórmula é: "A cidade aumentou em um filho". Nada do que esse filho fizer será pessoal e gratuito. Caso se torne um herói, deverá sua glória somente ao fato de ter servido à pátria e ao Estado[55].

Sob essa relação, o amor doloroso de Dido e Eneias não podia se materializar. Sobre o plano pessoal, observemos, tinha tudo para dar certo: inicialmente, o amor autêntico dos heróis, do qual o poema não permite duvidar, e depois

---

55. ROBERT, J.-N. *Éros romain, sexe et morale dans l'ancienne Rome.* Paris: Les Belles Lettres, 1997.

seus interesses comuns: Dido buscava um rei para governar com ela, Eneias, um reino para uma nova Troia. Cartago poderia satisfazer todas as suas ambições.

Porém, um interesse superior governa: a escolha de Vênus que quer para seu filho um império mais vasto, a voz de Mercúrio que enaltece a glória da linhagem. É necessário, portanto, submeter-se a uma ordem que não pode ser dominada, e a grandeza de Eneias é colocar a obediência à sua mãe acima de suas paixões.

Essa linguagem é muito bem entendida em Roma. Encontra ao mesmo tempo concepções muito antigas e práticas sempre atuais na época de Virgílio. Concepções muito antigas, pois os romanos tiveram muito cedo uma intuição viva do parentesco que une o vínculo conjugal e o vínculo cidadão, a ponto de o casamento ser uma obrigação: muitas vezes, trata-se de taxar os celibatários; um estado, aliás, muito raro, exclusivamente masculino. O vínculo do homem com a mulher é comparável ao que liga os cidadãos à cidade: é vital.

É normal: conforme essa concepção, a mulher encarna o lar, a habitação, o mundo interior que deve ser defendido a todo preço, e uma mácula perturbaria o conjunto do corpo social. Durante a cerimônia do casamento, o esposo lhe estende a água e o fogo, ou seja, os elementos do culto doméstico. A mulher é, assim, a vestal do lar – em outros lugares, essa palavra designa uma sacerdotisa, guardiã de Roma. A mulher casada e cidadã, a matrona, confunde-se com a cidade; ela é, por essa razão, o objeto de um profundo respeito. Seu pudor, *pudicitia*, pelo qual defende sua pureza, é-lhe tão precioso quanto a honra para os homens, essa virtude cidadã que defende a integridade do corpo coletivo.

Se os autores romanos se estendem voluntariamente sobre as relações amorosas extraconjugais, a história dos esposos não se conta: ela seria gravemente impudica. E, de fato, embora Virgílio nada nos deixe ignorar dos atos e sentimentos de Dido e Eneias, quase nada ouvimos sobre a primeira esposa de Eneias, Creusa, nem de seu casamento com Lavínia, a filha do Rei Latino. Assim, o vínculo conjugal, inefável, quase sagrado, funda e garante o vínculo entre os próprios cidadãos.

A fidelidade dos esposos que, ao menos para o homem, não é carnal, é uma das virtudes cívicas mais elevadas, primeira ilustração da fidelidade que devemos à cidade. É significativo que o primeiro caso de divórcio, por esterilidade da mulher, em 231 AEC, tenha sido mal-aceito: sugere que em Roma não se casava, portanto, somente para se ter filhos; a relação conjugal envolvia uma dimensão simbólica mais vasta.

Portanto, além da aliança entre duas famílias, é necessário vislumbrar num sentido muito mais amplo o caráter político do casamento romano. Enquanto na Grécia a tragédia separa e opõe eventualmente o Zeus familiar aos deuses da cidade, em Roma o casamento parece consubstancial à república. A família e a república são as duas faces de uma mesma solidariedade social, uma, privada, a outra, pública: elas não podem se opor. A família funda a república, a república existe para defender as famílias.

Distinção entre casamento, amor e sexualidade

Ao integrarem com tanta força a instituição do casamento na vida coletiva e nos interesses da República, não há como os romanos não a dissociarem dos valores amorosos, impondo um tratamento completamente singular à sexualidade, na qual, decididamente, homem e mulher não estão inteiramente no mesmo nível. A narrativa de Virgílio o ilustra.

No canto IV, os amantes se escondem durante a caça para se unirem em uma gruta. Para o homem, isso é natural e não envolve o futuro. Eneias enfrentará uma certa dificuldade para abandonar Dido, mas é com relativa rapidez que navegará em breve para a Itália. Por sua vez, a rainha de Cartago, mulher livre, cometeu uma falta imperdoável ao se doar àquele que ama. A partir desse momento, ela só depende dele, e, quando ele a trai, ela não tem pessoa alguma, nem pai nem aliado em quem se apoiar: seu suicídio é inelutável. O que faz o casamento romano não é o ato carnal, mas a palavra dada, o ato juridicamente selado; é ela que falta à rainha, é sua ausência que a condena.

Essas concepções têm naturalmente consequências importantes. Para os homens, o casamento pode ser honroso, mas a paixão amorosa pode passar por insignificante ou perigosa. Cícero quer

> mostrar o quanto o objeto do desejo é fútil, desprezível e de valor nulo... Mas é necessário sobretudo [...] ensinar que loucura é o amor. De todas as paixões da alma, nenhuma é certamente mais violenta. Mesmo que não desejemos questionar todas estas formas, a lascívia, a corrupção, o adultério, o incesto, enfim,

todas essas vergonhas inexcusáveis, se deixássemos tudo isso de lado, o problema da alma no amor é em si indigno[56].

A consequência dessa distinção objetiva entre amor e casamento, entre conjugalidade e sexualidade, é que existem duas classes de mulheres: as matronas, intocáveis, facilmente reconhecíveis por certos signos de vestimenta que protegem seu pudor; e as outras, com as quais tudo é permitido. A prostituição é difundida e tolerada para os jovens cidadãos. Eis Catão, o Velho, que, no século II AEC, encarnava as virtudes tradicionais: a um homem jovem que corava ao encontrá-lo enquanto saía de um mau lugar, ele assegurou que nada havia ali de vergonhoso. Contudo, cruzando novamente com ele no mesmo endereço no dia seguinte, ele o lembrará que não é necessário fazer desse lugar sua habitação... No fundo, a sexualidade dos cidadãos romanos é determinada apenas pelas considerações de higiene.

Essa sexualidade que Paul Veyne descreve muito licenciosamente em um artigo célebre, essa liberdade de costumes que parece permitir a separação entre vida sexual e vida matrimonial, repousa sobre uma dupla discriminação radical no seio da sociedade: a começar entre homem e mulher, mas também, mais ainda, entre livres e não livres, entre os cidadãos e os outros. Os cidadãos são severamente protegidos, fazem o que querem com os outros. O dia em que as cidadãs também escolherem ter uma sexualidade pessoal – como os outros? –, a cidade estará em perigo. Disso, os romanos sempre foram perfeitamente conscientes.

---

56. CÍCERO. *Tusculanes*. Paris: Les Belles Lettres, 1931, p. 70s.

O papel das mulheres: cidadãs sem poder, deusas todo-poderosas

Último ponto importante a levantar nessa narrativa: o papel capital da mãe de Eneias. Se, em Roma, as mulheres estavam em posição de inferioridade jurídica, parece possível pensar que desfrutassem de um poder social que nada tinha de secundário. O papel da matrona romana, inclusive na história política da cidade, tem pouco a ver com o da mulher grega confinada ao gineceu.

Observemos, inicialmente, que o romance de Virgílio se constrói sobre uma estrutura familiar desequilibrada, na qual a união paterna e materna é essencialmente desigual: a ligação de uma deusa com um homem, Anquises, embora esse fosse de nascimento nobre, oferece uma primazia evidente à mãe.

Em Virgílio como em Homero, o herói tende na direção de uma mulher, que não é, contudo, a mesma. O grego busca sua companheira; o troiano, sua matriz: ele pretende reinvestir a Itália, origem esquecida de seu povo. A partir disso, o contraste entre as duas obras é muito claro. Enquanto o percurso grego vai do campo de batalha à paz do lar conjugal, o romano segue um caminho inverso. Com sua mulher assassinada, Eneias escuta sua mãe e se lança em uma conquista violenta sob sua proteção.

Ulisses era aconselhado por Atená; Eneias é dirigido por Vênus: a relação dos homens com as divindades é diferente. Ulisses pressente o que quer Atená; a relação que ele tem com ela, de familiaridade, de simpatia respeitosa, é admirável. Já Eneias obedece a Vênus sem discutir, com as armas na mão. O filho tem em suas mãos a honra de sua mãe, e contra isso nada pode ser pesado. Quanto à deusa, ela pretende submeter tudo à autoridade de seu filho.

Nas duas obras, o papel dos pais nada tem de comparável: o de Ulisses o espera para o reconhecer e lhe entregar todo o poder; o de Eneias é um exilado vencido que pesa sobre os ombros de seu filho. Assim aparece o herói troiano nas primeiras páginas do livro, atormentado sob o peso de seu pai, puxando seu filho pela mão: a condição masculina é esmagadora. Estamos longe de Telêmaco, animado em partir, encontrar o autor de seus dias. Mas é que o romano tem um mundo a conquistar.

Talvez, esse seja um traço próprio da ambiência geral da vida romana, mas as relações familiares parecem aí graves, exigentes, muitas vezes severas. A desigualdade fundamental entre homens e mulheres resulta de uma atitude belicosa, atitude que ela nutre em troca, a ponto de a esperança da conciliação tão terna entre Ulisses e Penélope parecer muito ilusória.

A violência, com efeito, seria constitutiva da virilidade romana, que exalta a ação e a ruptura. Paul Veyne, comentando o célebre rapto das Sabinas, na origem da cidade, evoca muito naturalmente uma "sexualidade do estupro" para definir a dos primeiros romanos. E é talvez também do estupro da Itália que trata essa outra narrativa das origens escrita por Virgílio.

Essas não são apenas lendas populares. O casamento romano imita esse rapto histórico e fundador: a jovem é simbolicamente arrancada de sua família pelos amigos do esposo que deve se apropriar do corpo da mulher e a possuir. Após a cerimônia, esse corpo constitui ainda o objeto de um tratamento que temos dificuldade de compreender.

Para o entrevermos, é necessário recordarmos do escândalo provocado pelo poeta Ovídio quando, na época de Virgílio, é o primeiro a colocar a questão de como dar prazer à mulher junto ao prazer masculino. Ao afirmar, em um "manual de sexualidade" como existia na época, que o prazer masculino não é tão intenso quando a mulher não o compartilha, ele choca até as mentes menos pudicas. Muitos estimam que a mulher casada deve permanecer sem conhecer a volúpia; caso contrário, Vênus a arrancará de seus deveres de matrona. É verdade que nesse primeiro século, em Roma, perdem seu vigor as concepções tradicionais, que querem que o amor tenda para uma possessão em vez de para uma comunhão.

Posteridade da obra

Contudo, é essa tradição severa que perpetuará a cultura europeia. O tema que se desenvolve aqui está evidentemente longe de exaurir todas as alusões dessa matéria imensa do amor em Roma. Como percebemos com Ovídio, épocas, poetas, esposos e apaixonados mereceriam ser distinguidos. Tentamos, aqui, esboçar uma diretriz, um eixo traçado para estruturar nosso Ocidente. Citamos brevemente Virgílio e Cícero: é por meio deles que os humanistas futuros tentarão figurar as relações entre os dois sexos.

Da exigência e dignidade política do casamento, restarão vestígios poderosos. Da indiferença nas relações humanas mais íntimas, também – sem falar da misoginia, infelizmente muito comum em um certo número de autores romanos. O cristianismo, reduzido sobre esses temas a algumas citações célebres, contribuirá muito para a desconfiança quanto às relações sexuais e o estado conjugal: é muito naturalmente que uma certa cultura clerical adotará e confirmará o costume romano concernente ao casamento, tolerando nele apenas uma necessidade social e um remédio para a concupiscência.

Escutemos, por um instante, para terminar, Jean Bodin, eminente magistrado do século XVI, autor de uma suma considerável intitulada *Os seis livros da república*:

> Cato, que se dizia o inimigo jurado das mulheres, jamais bateu na sua, considerando isso um sacrilégio; mas sabia observar a posição e a dignidade marital que mantêm a mulher obediente: o que jamais fará aquele que, de senhor se faz companheiro, e depois servidor, e, de servidor, escravo: como reprovamos nos lacedemônios, que chamavam suas mulheres senhoras e damas[57].

Essa é a representação dominante, aqui, uma das mais ponderadas, em meio aos humanistas da Renascença: a disciplina deve reinar nessa sociedade muito pequena, hierárquica, que é a família. Porém, o amor ganha também esse terreno. O simbolismo global dessa famosa "instituição do paradoxo" descrita acima termina por impregnar os códigos sociais, e depois as relações humanas, até se tornar inteligível. O resultado são atitudes e gestos inéditos.

---

57. BODIN, J. *République*, Livro I, cap. III, apud DAUMAS, M. *Le mariage amoureux. Histoire du lien conjugal sous l'Ancien Régime*. Paris: Armand Colin, 2004, p. 74.

2

Heroísmo burguês
O quarto dos esposos do Chastel

Um último romance cortês

Um esposo e sua esposa devem renunciar juntos ao que têm de mais caro: seu filho único, refém de um inimigo sem honra. Ou então será perdida uma cidade inteira cuja chave está na mão do homem.

Esse episódio da Guerra dos Cem Anos é relatado, com alguns erros, por Antoine de la Salle, cavaleiro provençal, soldado, oficial de corte, preceptor de príncipes e grande conhecedor em matéria de brasões e de torneios. Pouco antes de sua morte, ocorrida na década de 1460, ele escreveu uma "consolação" para uma certa senhora que havia perdido seu primeiro filho, a Senhora du Fresne, como lemos no título da obra[58].

---

58. A obra é apresentada, as páginas essenciais são reproduzidas e comentadas por Auerbach, em *Mimésis. La représentation de la réalité dans la littérature occidentale* (Paris: Gallimard, 1946, p. 242-266).

Após piedosas exortações, citações da Bíblia, de Sêneca e de São Bernardo de Claraval, oferece-lhe duas narrativas que apresentam mães corajosas. A primeira relata o terrível caso de consciência desses pais cujo filho foi tomado como refém.

Os ingleses, sob a conduta do Príncipe Negro, cercam a Fortaleza de Brest, e o Senhor do Chastel, que está no comando dos sitiados, vê-se finalmente forçado a concluir um acordo pelo qual se compromete a entregar a fortaleza ao Príncipe Negro em uma data determinada, se até aquele momento não tivesse recebido ajuda. Para garantir sua palavra, ele entrega como refém seu filho único de 13 anos. Nessas condições, o príncipe negocia um armistício.

Quatro dias antes de expirar o prazo, uma embarcação entra no porto trazendo víveres. Essa ajuda enche de alegria os sitiados, e o comandante envia um arauto ao campo do príncipe lhe exigindo a restituição do refém, ao mesmo tempo que, conforme o costume cavaleiresco, solicita-lhe que retire o que julgasse adequado tomar dos víveres que acabam de chegar.

O príncipe, furioso de ver escapar uma presa tão esperada e que acreditava certa, recusa-se a considerar a chegada dos víveres uma ajuda no sentido do acordo, e exige a rendição da fortaleza na data determinada, sem o que o refém morrerá em seu poder.

A narrativa está cheia de imperfeições, o estilo é pesado, pomposo, quase caricatural, último reflexo de um gênero muito apreciado a partir do século XII: o romance cortês, que lança seus últimos fogos nesse "outono da Idade Média". Suas formas aparecem aqui endurecidas, ultrajadamente acentuadas: Antoine de la Salle nos oferece um odioso Príncipe Negro, traidor de sua palavra, um desafio insuperável, e, além de tudo isso, diálogos mais preciosos do que nunca. A intriga é atroz, Chrétien de Troyes, no século XII, jamais imaginaria isso. Hoje, nós a qualificaríamos de gótica, ou seja, bárbara em um estilo medievalizante: uma cidade devastada, uma criança torturada a quem não poupamos penas nem lamentos.

É verdade que, mesmo que nosso autor tome muitas liberdades em relação à crônica, o Príncipe Negro existiu, o cerco de Brest ocorreu e essas descrições chocantes reúnem uma realidade que os contemporâneos de Chrétien de Troyes não conheceram: a França devastada pela Guerra dos Cem Anos, percorrida por hordas de mercenários e bandidos sádicos. Froissart narra em outro lugar a história de um cavaleiro empalado durante uma dessas "revoltas", posto a assar no espeto diante dos olhos de sua família que foi forçada a comê-lo, enquanto sua esposa era violada por dez ou doze Jacques antes de padecer de uma "morte terrível". Em suma: é o reino dos ogros.

A despeito de seus defeitos, esse pequeno romance atinge merecidamente o *status* de grande obra da literatura cortesã. É possível resumi-la aqui?

Propomos dizer que se trata de um esforço de transposição e tradução. Erec e Enida, Lancelot e Guinevere, toda essa sociedade aristocrática está destinada a transpor as virtudes da guerra ao amor e os deveres do amor à guerra, não para que o amor se assemelhe a uma guerra, mas para que a guerra e tudo que é humano sejam realizados por amor em vista do amor, e, consequentemente, moralizados, simbolizados, espiritualizados. Para que o guerreiro seja, sobretudo, um apaixonado, que em todas as circunstâncias se conduza como tal, tendo em seu coração, mais do que qualquer outra vitória, a satisfação de sua dama. Para que ela honre aquele que combate pelo bem. Por que isso? Porque, na guerra, como no amor, é necessário sofrer, e somente o sofrimento de amor é redentor – é, portanto, o sofrimento de amor que deve ser buscado e preferido, até que absorva todos os outros.

Esses romances irritam o olhar exigente do feminismo: a divisão de gêneros é rigorosa; as mulheres, estereotipadas, atuam muito pouco. A maior parte delas, ao longo da obra, contenta-se com algumas falas vigorosas, bálsamos eficazes, lágrimas trágicas.

Certamente, esses estereótipos peníveis – doçura, graça e beleza, desejo e paciência – são terrivelmente masculinos. Ninguém ignora que se remetem não a uma mulher real, mas à projeção do desejo que o homem tem dessa criatura estranha, variada, mutante e que, por comodidade, designa muitas vezes com uma única palavra: "mulher".

Mas devemos considerar o que está em questão na maior parte desses romances, que é a provação e a educação da violência masculina, não menos estereotipada: é, portanto, no fundo, uma obra feminina. Além disso, mais de um poema, mais de um romance da época, por vezes, escritos por mulheres, desenham perfis muito graciosos, ou fazem ouvir vozes femininas muito sonoras.

Em Antoine de la Salle, é novamente a esposa que permitirá ao homem sair do abismo no qual mergulhou. O Príncipe Negro advertiu: ele matará o filho de Chastel se Brest não lhe for aberta.

Sacrificar o filho: esquema conhecido. Aqui, talvez menos forte que Abraão, e na verdade chamado por uma voz menos amável, o herói não pode se decidir em razão do respeito e da ternura que mostra por sua esposa. Perder seu filho, isso seria ferir mortalmente aquela que ele ama. Mas perder a honra é também, de uma certa maneira, perder sua esposa, seu filho, seus irmãos e as gerações depois dele: a linhagem com o nome transmite apenas essa memória e essa reputação.

Ocorre, então, o que dá o valor a esse breve romance: um diálogo choroso entre a esposa e o esposo, um grande esforço de psicologia, consentimento heroico, poema de amor estranhamente delineado, mas digno, e mesmo suave. É o ápice da narrativa, a descrição e a análise do mais elevado valor.

À noite, no quarto, ele chora. Ela sonha que seu esposo, premido pelo dever, morrerá de tristeza. Desde então, diz-nos Antoine de la Salle, "ela transforma seu luto em fala muito virtuosa". Como mulher sábia, ela começa colocando ordem em seus pensamentos: qual será aqui o menor mal, e como fazer o pouco bem que permanece possível? Como ele pede seu conselho, com muita sutileza ela o lembra de que ele deve tomar as decisões – o homem era incapaz de pronunciar uma palavra, a mulher se dedica a lhe dar a palavra. E o que ele responde? "Ah, minha amiga! Amor e dever ditam que você deve participar de todos os meus principais assuntos, como um coração segundo Deus em dois corpos, assim como sempre fiz, pelos bens que encontrei em você".

A imagem é bela, evoca a comunhão perfeita de dois corpos em um só coração – o coração sendo a sede não apenas das emoções como da vontade. Nesse casal há apenas um único desejo atuando em todos "os principais assuntos", e nessa ocorrência tão terrível, a clareza do conselho provém da esposa, não do esposo.

Então, vem o conselho político – é ela que fala. Remeter todo sofrimento a Deus, abandonar até seu filho, ter fé juntos. A peroração, muito longa, termina com esse lembrete: "Você tem apenas uma honra, à qual, depois de Deus, você deve amar mais do que a esposa, filhos e tudo o mais. E você tem um único filho. Ora, observe qual será sua maior perda. E verdadeiramente, monsenhor, a escolha é grande. Estamos ainda na idade de ter outro filho, se isso apraz a Deus; mas sua honra, uma vez perdida, jamais você recuperará". Após isso, o comandante dá graças a Deus por "tão elevadas e tão virtuosas falas como as que a senhora proferia"[59].

Já Ulisses e Penélope encantavam a noite e trocavam suas narrativas. Esses, no século XV, atravessam a hora mais sombria de sua vida dando a mão um ao outro, tendo um ao outro, abandonando um ao outro o que têm de melhor, o fruto das entranhas, a responsabilidade pública.

---

59. AUERBACH, E. *Mimésis. La représentation de la réalité dans la littérature occidentale.* Op. cit., p. 244-245.

Não é mais a conciliação poética do cosmos como em Ítaca; é um Gólgota escalado junto para a salvação do mundo. Juntos, esposo e esposa vão chegar a uma solução que o público do século XV considera como a mais heroica, solução para a qual o homem, por si só, não tinha o recurso: a de abandonar seu filho à sua desafortunada sorte. É necessário fazer três observações quanto à configuração especial que permite o surgimento desse valor mais elevado.

A maldade do Príncipe Negro

De um lado, o mal; do outro, a vida; entre os dois a pobre muralha de Brest. O mundo é feito assim. Uma heteronomia a mais? Essa é traçada firmemente: a maldade do Príncipe Negro é absoluta, a bondade dos esposos não deixa dúvida alguma, o valor do filho é evidente. É esse último ponto que nos importa.

A maldade do Príncipe Negro, traidor de sua palavra, é evidentemente um parâmetro decisivo na ordem do mundo que descrevemos aqui. Não há em Brest defensor desse príncipe, ninguém que trabalhe secretamente para o sucesso de seus planos. Sua vitória será, portanto, a derrota de todos e de ninguém, sem exceção. A luta contra esse inimigo assume a dimensão universal de um combate escatológico.

Estudemos um pouco mais de perto essa famosa maldade e notemos nela os efeitos sinistros. A maldade primeira e principal é que esse príncipe não é um homem de honra; não tem palavra. Nos termos do acordo, o refém deveria ser entregue, e não será.

A partir daí, a consternação do Senhor do Chastel, que o torna incapaz de falar e de escolher. Ele não ousa mais dizer uma palavra à sua esposa. O casal está em perigo: não contente em matar seu filho, a ameaça do Príncipe Negro cinde já o que Deus uniu. Enfim, o romance prossegue com a execução do infeliz menino. Ele "não podia aceitar a morte voluntariamente". Faz um lamento interminável, apelando a seus pais sem cessar por sua ajuda, debatendo-se tanto que "devido aos ferros as pernas estavam esfoladas até os ossos"[60], ele grita e se lamenta estendendo seus braços frágeis em direção ao arauto – enviado por seu pai ao campo do Príncipe Negro –, que assiste ao suplício do menino.

Leitores contemporâneos podem desaprovar essa página, reprovando-lhe um gosto um pouco suspeito de perversidade gratuita. Isso seria esquecer que essa descrição tem uma função precisa no romance.

O menino e sua mãe

A cena do suplício vem recordar o que se tornou tão evidente para nós: o menino é uma criança, e o que caracteriza o ente humano do verdor de suas primeiras primaveras é que ele não quer morrer. Mesmo na idade da razão – ele tem 13 anos – o menino não é razoável. Ele não pode consentir em sua própria morte com a firmeza do herói adulto – a jovem vida é pela vida, visceral e freneticamente. O lembrete desse fato da natureza sublinha ainda, na escrita de nosso romancista, a dor abominável dos pais.

---

60. Ibid., p. 247.

Talvez essa seja uma nova sensibilidade que percorre essas linhas, a sensibilidade ao que é tenro e delicado, sensibilidade que se emprega nos lares onde as crianças são consideradas e mimadas com o cuidado dos pais amorosos. Sensibilidade espontaneamente maternal, diremos, após Antoine de la Salle. Por quê?

O Senhor do Chastel, esposo do século XV, poderia dispor de seu filho como de um simples refém: é o que esperamos dele, mas ele é incapaz de fazê-lo em razão do amor que tem pelos seus. Porém, é um pai verdadeiro, que não julga em função de seus interesses e afeições próprias, mas de todos aqueles por quem é responsável – sua esposa, seu filho, mas também a cidade humana. Como os interesses divergem, o pai está dividido. Apenas a Senhora do Chastel está em condições de entregar a seu esposo sua força e sua integridade.

Aqui, a salvação da cidade inteira depende apenas dela. Se ela não consentir em deixar seu filho partir, tudo está perdido. O que confere à esposa esse poder de libertação? Seu esposo o diz precisamente: é porque ela "carregou carnalmente a criança" e porque já sofreu "em seus flancos" uma primeira libertação. Assim, a gravidez é o apanágio que concede à esposa mérito e virtude, a valorização do guerreiro, em última análise nesse drama cujo objetivo é a criança, o lugar mais eminente. Se o critério do valor reside na atitude de verter seu sangue por outros, as fraldas valem o título do cavaleiro. Além disso, a mulher que se tornou mãe é sempre uma dama.

No fundo, o suplício e a execução consistem em tratar um ente como uma coisa. E o refém é uma coisa que trocamos, objeto de cálculo. Pais podem entrar nesse cálculo e dispor de seus filhos – esse era o sentido da exposição romana, do mercado de escravos, também, talvez, do sacrifício de Isaac: utilizar seu filho em vista de uma vantagem particular. Quem melhor que uma mãe pode medir o horror e a indignidade de uma tal lógica? A mãe que gerou arriscando sua vida sabe o preço de seu filho: o preço do sangue. Ela sabe, portanto, que a criança não é, e não deve ser uma coisa – a menos que ela também seja considerada uma coisa sem alma.

Contudo, é necessário decidir entregar o inocente. No romance, o pai recebe o filho de sua esposa, que o autoriza a entregá-lo, por sua vez, ao mundo. O que o mundo fará com a criança honra ou insulta o pai, e, através dele, atinge a mãe que deu tudo ao pai. É pelo filho e com relação ao filho que os esposos dirigem inicialmente seu olhar para o mesmo ponto, e, depois, suas vontades para o mesmo fim. É pelo filho que os pais se dão verdadeiramente um ao outro: eles se dão cada um o que têm de melhor – não eles mesmos, mas seu futuro, a criança.

Esse sistema, não de trocas, mas de mediações, pode parecer fastidioso ou barroco; é o reflexo de uma religião trinitária que aí se manifesta. Os depósitos sucessivos têm o mérito de integrar todos e todo o mundo em uma economia estranha em que cada um recebe e dá conforme o que é, a partir de onde está. A doação autêntica constitui o núcleo irredutível da realidade social e humana.

Poderemos achar o enredo medíocre, e a teologia de Antoine de la Salle um pouco curta ou muito pálida, mas ele ainda assim indica como os contemporâneos liam sua vida familiar através do Evangelho, e liam o Evangelho para assumir sua história familiar. A definição da Igreja que afirmou em 1215 que o casamento é um autêntico sacramento, imagem da doação muito santa que Cristo e a Igreja fazem um ao outro, essa definição foi entendida e assimilada tanto pelos artistas como por seu público, os primeiros, capazes de apreender qualquer motivo evangélico para o transpor a um cenário atual; o último, para ler a atualidade e seus romances por meio do prisma cristão. Eis o que confere uma nova seriedade à intimidade conjugal.

O leito conjugal

O novo heroísmo não é mais individual, mas conjugal: não se passa mais nos campos de batalha, no fundo de misteriosas florestas bretãs ou próximo de algumas majestades reais. A grande cena de Antoine de la Salle se passa à noite, no leito de um quarto de dormir, entre dois esposos que não são mais amantes.

Uma situação *a priori* típica do que chamamos "farsa": um homem e uma mulher em um leito – isso só pode ter um resultado. Contudo, tudo aqui é o contrário de uma farsa. A despeito de todo aparato retórico que a orna, é uma cena que podemos qualificar segundo Auerbach, de "burguesa", se aceitarmos, a partir daí, considerar esse epíteto com respeito.

O que queremos designar com esse adjetivo? O contrário de aristocrático. A vida e a ação da aristocracia determinam o destino do reino, elas são imediatamente públicas e políticas. Ao contrário, o enredo burguês se passa na esfera privada, na intimidade do lar, que não interessa imediatamente aos assuntos públicos.

O mestre e senhor, o primeiro magistrado da cidade, que chora e fica paralisado porque seu filho é ameaçado, que teme entristecer sua esposa, não é um aristocrata: é um burguês, um pai de família a quem é confiada momentaneamente uma responsabilidade oficial. E não é representando uma aventura gloriosa que sua esposa lhe dá coragem e determinação, mas assumindo para si o sacrifício a realizar e lhe anunciando que outros filhos virão, que sua união sobreviverá – é, no fundo, a fecundidade biológica, signo da bênção divina, que os salva.

Essa ordem burguesa não é inicialmente repressiva, algo de que será acusada mais tarde. Ela exalta, aqui, a intimidade, a troca de pensamentos, o acordo de desejos. É aqui que eclode a originalidade da cena de Antoine de la Salle. Já percebemos em Homero a intuição da dignidade desse objeto preciso – recordemos daquele leito secretamente confeccionado por Ulisses na oliveira. Mais tarde, é só no Evangelho que um quarto, o lugar de uma intimidade tão trivial, pode se tornar o lugar de um ato tão altamente sério, tão decisivo para o mundo: esse é o resultado das Anunciações – feitas a Maria, certamente, mas também a José – inúmeras vezes representadas na arte ocidental. No fim da Idade Média, quando a representação da vida religiosa se torna cada vez mais realista, impregna cada elemento da vida cotidiana, carregando-a de simbolismo.

La Salle compôs sua narrativa para consolar uma senhora da classe alta que perdera seu filho – após isso tudo, ela poderá rezar para que o filho, mantido refém e cruelmente morto pelo príncipe deste mundo, sirva para a comunhão dos santos na libertação da humanidade prisioneira. Eis aí alguns traços aparentemente característicos dessa classe incipiente, a nobreza e a alta burguesia que se nutrem dessas obras mais piedosas do que militares. A guerra e a glória, a prece e a oblação, a nobreza e o lar, tudo é, a partir daí, indissociavelmente amarrado em torno do casal cristão. Eles compartilham tanto a pena quanto a alegria; o que entristece um devasta o outro, assim como o que aprazia um deleitava o outro. A mulher é corajosa, o homem é sensível; o homem age após a mulher tomar a iniciativa, assentando o velho adágio francês: "o homem propõe, a mulher organiza".

Na verdade, aqui não há mais apenas homem nem mulher; como dizia du Chastel, uma vontade, um único coração – um casal perfeitamente unido.

3
O casal e o Estado cristão
em *O Cid*

Um rapaz recém-saído da adolescência mata o pai da moça que ama. Ela se nega a se vingar e termina por esposá-lo. Em 1637, o sucesso e o escândalo são imensos: Rodrigo é magnífico, Ximena, uma dissoluta.

Os espíritos estão exaltados, o país está à beira do caos, atormentado por essas forças terríveis que o Cardeal de Richelieu soube pintar tão vigorosamente para Luís XIII: os protestantes que conspiram contra o Estado, os nobres que não lhe obedecem, os Habsburgo que o ameaçam diretamente. Em meio a essa loucura geral, Corneille formula uma das equações mais poderosas do teatro francês, a mais improvável e a mais verdadeira, antes de propor para ela uma solução inumana e genial.

Estamos no centro de um decênio crucial. A França terminou se envolvendo na Guerra dos Trinta Anos, imensa iniciativa que opõe os Habsburgo e o resto da Europa, pondo em jogo a hegemonia sobre o continente. No ano anterior, os espanhóis invadem o norte; no Rio Soma, ocupam a porta de entrada do reino, ameaçando Paris. Richelieu e Gaston d'Orléans os repelem no mês de outubro, empreendendo o cerco de Corbie, que custou uma mobilização nacional como poucas vistas na história da França. No fim desse esforço heroico, a monarquia francesa mudará de natureza, definitivamente absoluta. A peça representa com vigor e precisão incomparáveis o conflito entre a honra nobiliária, a razão do Estado e a paixão amorosa.

O problema, que é colocado com uma ênfase inigualável, é o da independência dos jovens amantes em relação à autoridade de seus pais. Problema que nada tem de fantasioso: os parlamentares do rei se recusaram durante trinta anos a aplicar na França decretos do Concílio de Trento, principalmente porque um deles lembrava que a dignidade do sacramento do casamente supunha a liberdade dos esposos, tornando supérflua a opinião de seus pais. É possível conciliar a independência do amor, a liberdade soberana dos filhos de Deus, que amam e fazem o que querem, com o quinto mandamento bíblico da piedade filial – "Honrarás teu pai e tua mãe" – com os pais sendo o que são, entes movidos por considerações, e mesmo interesses, por vezes distantes da ternura juvenil dos apaixonados?

Antes de seguir a solução corneliana, devemos nos prolongar por um instante na famosa ofensa, o diálogo irresistível e incompreensível dos loucos furiosos do ato I.

Fortunas e infortúnios da honra familiar

Aparentemente, as coisas são simples: uma rivalidade entre dois aristocratas, Dom Diego, pai de Rodrigo, e o conde, pai de Ximena. O primeiro foi escolhido para instruir o filho do rei da Espanha, o segundo, com inveja, provoca-o e o insulta. Dom Diego, humilhado, quase golpeado, exige satisfações de seu adversário no campo de batalhas. O conde se recusa, alegando a idade venerável de Dom Diego: sua grandeza passou, não é mais um adversário digno dele. Diego, após zombar da própria velhice, exige, então, que seu filho o vingue.

> [...] de uma afronta tão cruel
> Que desferiu um golpe mortal à honra de ambos:
> De um golpe. O insolente teria perdido sua vida;
> Mas minha idade enganou meu generoso desejo;
> E esse ferro que meu braço não pode mais sustentar,
> Entrego-o ao teu para vingar e punir[61].

Rodrigo, então, parte para matar o conde, pai de sua amada. Temos, aqui, todos os ingredientes do que poderia ser um drama feudal clássico: a honra que se confunde com uma reputação, a vingança como meio de reparação, o apelo à linhagem para resolver o conflito e o duelo final. Tudo aqui parece responder a uma lógica social bem codificada dois séculos antes: a solidariedade feudal não é uma palavra vã, é uma realidade jurídica na França até o século XV. Em 1637, não está tão longe, todos compreendem ainda a atitude de uns e de outros e se afetam com o destino atroz de Rodrigo.

Que a honra de uma linhagem se tenha encolhido e enrijecido para designar apenas o orgulho de um patriarca muito impetuoso revela a crise que atravessa a nobreza nessa época. A peça de Corneille reflete inteiramente as enormes crepitações que a sociedade francesa experiencia

---

61. CORNEILLE, P. *Le Cid*. Paris: Gallimard, 1980, p. 719.

com a eclosão de sua nova monarquia. Drama feudal, diríamos. Mas isso não expressa bem: contrariamente ao que poderíamos pensar, não há duelo na época feudal, exceto o duelo judiciário, que provém de um procedimento preciso, muito complexo, fundamentalmente diferente do que vemos aqui. No século XIII há confrontos voluntários durante torneios, que podem ser violentos, mas são jogos. A honra já é suscetível, mas, quando realmente é necessário brigar, não se provoca em combates singulares, declara-se a guerra, o que é evidentemente muito diferente, mobiliza-se um *ost* e seus semelhantes. A guerra jamais coloca em perigo especificamente um filho, não faz a salvação depender de apenas uma pessoa – é um assunto coletivo e sério; o duelo, em contraste, parece fútil e trágico, eminentemente, individualista – moderno?

Essa organização singular, a feudalidade, é progressivamente derrotada e a nobreza experiencia uma crise decisiva à beira do Grande Século. Não é supérfluo se interessar um instante por ela: a nobreza foi a matriz de nossa nação durante todos esses séculos, ao mesmo tempo modelo e vetor dos usos e modos através das províncias e finalmente de todos os estratos da sociedade. Quais são as causas dessa crise famosa? A guerra e as divisões dos séculos XIV e XV, o advento do exército profissional, a elevação da burguesia, a edificação de um Estado centralizado, enfim – sobretudo, talvez –, as guerras religiosas e as desordens do começo do reino de Luís XIII. Aí, no espírito dos contemporâneos, a nobreza fracassou em sua missão fundamental: a proteção do reino. Pelo contrário, ela muitas vezes o conduziu à divisão e à guerra civil.

A salvação de todos passa, a partir de então, pelo Estado real que é essencialmente igualitário, que é – soltemos a palavra célebre de Jean Bodin – uma "República", que é, em todo caso, a partir de então, a medida única, o critério único das grandezas sociais: a partir do início do século XVI, o rei pode "fazer" nobres. No século XVII, ele se envolve em uma iniciativa ainda mais ambiciosa: exige provas de nobreza de todos e se arroga o monopólio dos títulos. O Cardeal de Richelieu, sempre com pouco dinheiro, sistematiza o procedimento. Progressivamente, as obrigações de linhagem caem em desuso. Ninguém mais reclama o apoio do grupo e, nesse começo de século XVII, a única maneira de provar a nobreza do próprio sangue, caso fosse posta em dúvida, é derramá-lo. É assim que os duelos se tornam extremamente numerosos, ferida aberta do reino francês, dando à nobreza a ilusão de continuar a ser o que era na época dos romances de Chrétien de Troyes.

Assim aparece a contradição fundamental e magnífica da nobreza no Estado moderno: como ser e ter sido? Se a linhagem não basta para garantir uma posição social, se o Estado tem o monopólio da honra, como a nobreza, inteiramente produzida por uma genealogia que a define e a justifica, pode sobreviver?

Esse problema se concentra inteiramente, como indica Serge Doubrovsky[62], no personagem de Dom Diego: ele já foi corajoso, mas não pode mais sê-lo pois envelheceu. A nobreza ideal, "moderna", considera-se heroica – o serviço

---

62. DOUBROVSKY, S. *Corneille et la dialectique du héros*. Paris: Gallimard, 1964.

do rei a impõe –, mas não pode ser assim o tempo inteiro. A coragem de ontem é perpetuamente posta em perigo pela atualidade que parece destroná-la – a ascensão permanente de forças novas. E a nova geração deve duplicar a bravura, reproduzir as grandezas passadas em maior número para estar à altura de seu destino. É opressivo.

A aparição da república monárquica, a elevação do rei acima de todos, cria uma configuração nova para cada pessoa. Na igualdade, é necessário se distinguir por si, isso porque o rei, no topo, não se ocupa de linhagens. Incidentemente, a peça sugere: "Dom Diego" é preferido ao "conde", designado não por seu nome, mas por um título; já o rei preferiu um valor pessoal a uma herança pactuada.

É uma distinção assim que Rodrigo vai obter, recebendo durante a peça um título que é um nome e que lhe será próprio para sempre: O Cid. O sangue não justifica mais, apenas a obediência. Trata-se, portanto, de se distinguir pessoalmente ao serviço do Estado, e não mais de reforçar um grupo social. E, por isso, é necessário assumir suas paixões – pois, em meio a todos os recursos que atuam nessa nova ordem, são nossas paixões que têm as maiores chances de nos conduzir e de nos fazer brilhar melhor perto do soberano. A nobreza como grupo está em perigo.

O desafio perante o qual ela se ergue ao longo desse grande século, ainda que seja particularmente grave em seu caso, extrapola o círculo estreito de seus brasões e títulos. Compreendemos facilmente o que está em jogo no combate dos chefes: a questão da transmissão genealógica em um Estado onde o rei pretende dispor de toda honra.

Ainda se pode ser o filho ou a filha de um pai quando basta ser súdito ou súdita de um rei? Os pais ainda dispõem de uma autoridade onde um Estado tem o monopólio da soberania? Trata-se de fazer o Estado se interessar por uma causa que não está diretamente vinculada a ele: o valor de seus cidadãos e de sua família. E, reciprocamente, converter as famílias em uma ordem superior à sua: o bem comum e a salvação política. Como veremos, o modelo complexo e dinâmico elaborado no seio da Igreja forneceu os elementos da resposta implementada por Corneille.

Admirável Rodrigo

O que nos faz inicialmente entrar na alma de Rodrigo é o famoso monólogo, estupefato, do ato I. Depois disso, o caso do amante será mais ou menos resolvido: heroicamente, com certeza, mas também moralmente, de forma muito satisfatória.

Recordemos a convenção inicial desse teatro, que é a de que os homens, os aristocratas, não devem ter senão uma paixão: a da honra. Não é necessário examinar seu coração, retirar-se em introspecções delicadas como o fazem as mulheres, a infanta, Ximena, nas primeiras cenas; os homens são e devem ser simples. Para essas almas viris, perpetuamente animadas pela preocupação com a glória, sempre preocupadas em estabelecer sua prova, não há jamais necessidade de ponderar, mas somente de se lançar na ação quando a possibilidade surge, a fim de fazer eclodir sua superioridade. Toda hesitação comprometeria a demonstração. É o que supõe Dom Diego quando remete a seu filho a célebre interrogação: "Tens coração?" A pergunta é puramente formal. O pai imagina que o coração de seu filho seja tão elementar quanto o seu, ocupado somente pelo egoísmo do renome.

Mas o coração de Rodrigo é maior do que isso. Sua paixão por Ximena o impede de ser um herói no antigo sentido "feudal", como entendia seu pai, para quem "o amor não é senão um prazer, a honra é um dever", dois momentos finalmente egocêntricos – uma vez que a honra segundo Dom Diego é apenas uma amplificação fantástica do eu – e de valores inegáveis. Sabendo o que seu pai espera dele, o que lhe ordena essa honra singular, Rodrigo prova repentinamente "a densidade do natural e do sensível", segundo a bela expressão de Doubrovsky. Entre a vontade e o ser do apaixonado, uma lacuna se abre. A partir dela começa o célebre monólogo do ato I, que vê a cisão do jovem: "Contra minha honra o amor se inquieta!"

Chocado, abatido, incapaz de agir, o herói prova sua paixão como uma força insuperável. Ela o deixa, porém, entregue a seus novos pensamentos, e, porque essa paixão é amorosa, ela o conduz à *compaixão* pela qual vai entrar nos planos de sua amada com uma penetração impecável.

Recordemos as etapas de seu raciocínio. Ele concebe inicialmente o fato implacável: é necessário morrer. Ele não sobreviverá à violência futura, pois é tão impossível trair seu pai quanto perder sua amada. A pergunta se torna, portanto: como morrer bem? Retirar-se do mundo, pensa inicialmente; decepcionar seu pai em vez de entristecer sua amada: o primeiro movimento – o mais humano.

208

Vêm, portanto, a lembrança da Espanha e a reflexão. Depois do limiar da morte, é necessário admitir que há mais que Ximena nesta vida, ou, mais exatamente, que Ximena também depende mais do que de si: de um pai, de uma mãe, de uma nação inteira. Tendo considerado isso, chega melhor ao pensamento daquela que ele ama, compreende a alternativa a partir do único ponto de vista que conta, o olhar de Ximena: ou ela o odiará pelo assassinato de seu pai, ou o desprezará por trair a honra. O resultado se impõe, então: ferir a pessoa de Ximena é terrível, mas comprometer a honra é pior. A honra é o tesouro comum que os une, um ao outro inicialmente, e, depois, a seus pais, ao seu rei, ou seja, a todos.

O cálculo é muito lúcido. A cólera é, por vezes, justa; há ódios que não são indignos. Podemos regressar do ódio, podemos acalmar uma cólera. Mais difícil é sair do desprezo. Que significa inspirar o desprezo? Afastar o espírito de outro por desgosto e por vergonha. Mas, para isso e antes disso, informá-lo sobre turpitudes desconhecidas ou sobre baixezas inesperadas, e, assim, feri-lo, maculá-lo inevitavelmente, irremediavelmente. É necessário salvar essa inocência. Como é necessário morrer, que Ximena chore e se desole, mas que permaneça intacto seu senso da honra. Ao contrário, que seja destacada a dignidade comum dos filhos humanos e dos súditos da Espanha. Ela se lembrará dele com uma cólera justa, ela se lamentará com gritos redobrados, mas o futuro lhe pertencerá ainda e a Espanha onde viverá será melhor por seu sacrifício. Eis o que situa o amor conjugal em uma ordem superior, universal e que deve permitir à paixão de cada um se unir ao bem de todos.

Lógica admirável. Recordemos, aos que a achariam simples demais, que ela se aplica e se realiza com o projeto rigoroso, a certeza da morte de Rodrigo – selo necessário a essa perfeição. Não se trata da própria sobrevivência: é necessário, de todo modo, morrer. O conde é anunciado como um inimigo muito acima de suas forças, e se, por azar, o conde não vencer, os mouros não estarão longe, sempre em excesso. Problema: Rodrigo, distraído, supera tudo, de cada combate retorna mais sangrento e mais glorioso; a situação de Ximena se torna insustentável. Que fazer dela?

Ximena posta à prova

A escolha de Corneille escandalizou. Eis-nos, de uma vez, sintonizados com os contemporâneos de Luís XIII, o que não é muito frequente. Georges de Scudéry, um "amigo" do dramaturgo que lança a intriga contra sua peça, afirma que *O Cid* é "uma instrução ao mal". Capelão, exprimindo-se para a Academia, declara: "Há verdades monstruosas que é necessário suprimir pelo bem da sociedade..." Para esses olhos, Ximena, "amante sensível demais e filha desnaturada demais", termina consentindo ao abominável com "a única violência que lhe faz seu amor"[63]: "a decência dos costumes de uma moça apresentada como virtuosa não é observada pelo poeta, quando ela se decide casar com aquele que matou seu pai"[64].

---

63. CORNEILLE, P. *Le Cid*. Op. cit., p. 809.

64. Discurso publicado sob o título *Sentiments de l'Académie*, apud DOUBROVSKY, S. *Corneille et la dialectique du héros*. Op. cit.

Corneille atingiu profundamente a sensibilidade contemporânea, distinta da nossa, e convém restituir a essas cenas seu valor de impacto. O próprio Corneille convida a isso com seus escrúpulos retrospectivos: "As duas visitas que Rodrigo faz à sua amante têm algo que choca essa decência de quem as sofre... Para nada disfarçar, essa oferta que Rodrigo faz de sua espada, e esse protesto de se deixar matar por Dom Sancho agora não me agradariam"[65].

Ximena, culpada de aceitar o inaceitável, filha "desnaturada": qual é, então, a "natureza" que ela trai? Se subtrairmos da peça seu elemento mais imediatamente trágico e talvez o mais artificial (o assassinato do pai pelo genro), vemos que Ximena abandona seus pais pelo homem que ama e que a separa definitivamente de seu pai. Assim, o famoso escândalo parece significativo. Corneille põe o dedo sobre um ponto extremamente sensível da ordem social. A questão é saber como uma mulher que pertencia a seu pai pode ser de seu amante, desde que não se aceite mais o uso imemorial de uma negociação e de uma troca econômica. Até o presente, é mais ou menos disso que se trata: um dote, uma aliança, contra uma esposa – toma lá, dá cá; estando os termos do contrato claros, os títulos de propriedade bem estabelecidos.

Ora, os princípios do casamento cristão, os valores do amor cortês, mesmo que não bastem para suprimir toda dimensão comercial, não autorizam mais a considerá-la determinante. O casamento deve responder a uma inclinação, coroar uma vontade livre; não apenas a do homem,

---

65. *Examen*. In: *Corneille et la dialectique du héros*, p. 702.

mas também, o que é mais novo, a da mulher. É no século XVII que o casamento entre as pessoas comuns se tornou uma realidade, o que poderia ser a vontade da aristocracia. Mas em uma estrutura amorosa assim, como o esposo pode tomar o lugar do pai? Quando concedemos ao pai um lugar realmente honrável, a operação é certamente mais delicada do que pensamos.

Aqui, manifestamente, ela falha. Impossível fazer Ximena entrar em resoluções tão diretas e límpidas como as de seu amante. A que se deve isso? Duas razões: a primeira se deduz da economia da peça e indica a coerência interna do conjunto. A segunda, mais poderosa, provém da escolha íntima de Corneille, e nos comunica uma verdade mais forte sobre nosso tema.

Comentar o heroísmo de Ximena é situá-lo sobre um plano comparável ao de Rodrigo. Esse deslocamento é completamente autorizado? Os dois protagonistas não habitam lugares nem papéis exatamente simétricos. Entre eles, a diferença mais determinante é que Ximena não poderia causar a morte, o que permanece ao longo da peça a principal atividade de seu amante: ela é incapaz de matar quem quer que seja, nem ele nem ela. Consequentemente, se Rodrigo fosse derrotado por Dom Sancho, seu próximo rival e defensor de Ximena, Ximena deveria continuar a viver com esse último, adaptar-se ao que resta, abandonar-se sem desejo e à sua revelia. Após ter amado, dar-se sem amor, o que seria profanar o casamento. Solução impossível – solidez dramática: a proposta do autor é de um extremo ao outro coerente. Mas o resultado é uma heroína que hesita, inicialmente aprova, depois rejeita, ainda tergiversa, e, com essa atitude inconstante, atrai os julgamentos que mostramos acima.

Ximena condenada a viver: eis a verdadeira tragédia da peça. Corneille não escolhe a morte como perspectiva final, mas a vida. Dada a equação inicial – a humilhação de Dom Diego pelo conde –, Ximena deve necessariamente terminar no convento, ou, melhor, esvaziar um frasco de veneno no dorso de Elvira. É assim que as coisas se passariam, quase sem surpresa, em um teatro verdadeiramente clássico, em uma tragédia "normal".

Mas Corneille decidiu inventar a tragicomédia, e o caso deve se concluir com um casamento. É o que deve fazer: é a tendência da época, é a Reforma católica, é o sentido da história. O casamento é um sacramento, portanto, um sacrifício; abre a eternidade, mas apresenta a cruz. Isso confere um certo elã barroco, suscita o entusiasmo popular, mas ao preço de uma cicatriz estética: esse é o risco, ou o preço a pagar, quando adotamos a vida em seu movimento mais autêntico.

E eis-nos, portanto, forçados a entender essa longa e discordante lamentação, porque Ximena é incapaz de se fixar no que quer ou não. Ela exige a cabeça de Rodrigo, protege sua vida, continua a honrar seu pai e a amar seu amante, mas nega esse amor e tem vergonha dele; e, como sempre, temos vergonha daqueles que confessam sua vergonha, e isso não é agradável para ninguém, ainda mais porque, a despeito de sua vergonha, ela ama continuamente. Ela nos escandaliza firmemente quando, sem hesitar, trai Dom Sancho a quem reclamara sua vingança, e cuja imparcialidade da boa índole acalma um público enervado. Não é sem razão que os comentadores a consideram incapaz de uma ação autêntica; todos erguem os braços aos céus diante dessas contradições sucessivas e desses excessos gritantes.

A infelicidade de Ximena é ser aparentemente incapaz de fazer de sua situação, certamente dolorosa, algo de belo ou de grande. Ela só o consegue com a ajuda de outro, de seu rei, de seu amante, da corte. É necessário conduzi-la, persuadi-la, produzir espetáculos para ela – é assim quando o rei finge e lhe anuncia a morte de Rodrigo –, mas ela não quer ver; e quando deve olhar, ela recua ou se converte. Penetrando aqui ainda mais na análise do amor conjugal, vemos que é um fracasso, nós o constatamos uma decepção. Mas, talvez, haja nele mais de bem e de verdade do que nos envenenamentos espetaculares e mórbidos de Isolda ou de Julieta.

O mérito de Ximena, pois ela o tem, é ter vivido a cisão mais longa e mais visceral. Na peça, Rodrigo se inquietou por muito pouco tempo apenas. Sua resolução aceita – ele pretende desaparecer –, ele segue seu caminho, oferecendo à Espanha com um gesto o único bem que lhe resta, a honra. De modo que Rodrigo parece esplêndido e satisfeito, mesmo quando se apieda de sua Ximena, mesmo quando vai à morte. Porém, a Espanha, responde-se de toda parte, necessita mais do que da honra: quer Rodrigo inteiramente, vivo e triunfante. É impossível para ele, decidido a morrer, o que deve ser possível para Ximena, dedicada a mantê-lo na vida.

214

Portanto, além da sua, a mulher vai sofrer a vida do homem, e depois a de sua descendência. Por isso, suas contradições serão cruelmente expostas diante da corte, de forma quase obscena, como antes os reinos da França davam à luz diante do mundo inteiro. Em seu despedaçamento, ela deixa entrever algo sublime, mais elevado e maior do que seu amor por Rodrigo, do que o amor de Rodrigo por ela, do que a dignidade de suas respectivas linhagens: a majestade do rei, magnanimidade, sabedoria, império e unidade do reino. Tudo isso só é conhecido por Ximena. Ela é necessária para executar essa exposição geral. São necessárias a teimosia inoportuna e as súplicas indecentes da súdita para que a luz termine irradiando.

Contudo, revoltamo-nos: os olhos da carne buscam um heroísmo preciso, ativo e determinado. É a "autonomia" viril que queremos admirar. Mas a autonomia cria verdadeiramente um tema? A peça, então, seria um pouco curta, a tragédia pura não ocuparia mais do que dois atos. E disso é necessário concluir inevitavelmente, é necessário admitir, que a heteronomia, a heterossexualidade – sempre compreendida no sentido amplo – claudicarão sempre sobre esta terra. Talvez aprendamos a amar esse abatimento regular, capaz de oferecer em troca lamentos e gemidos, por vezes, inefáveis.

A heterogeneidade não pode ocorrer sem um momento de passividade radical, de incoerência tenebrosa, de desgosto. Se não consentimos nesse abandono – mas a palavra "abandono" é muito fraca: é necessário admitir um corte, essa evisceração tão voluptuosamente representada pela pintura da Reforma católica –, se não consentimos nesse sofrimento, devemos nos contentar com um mundo perfeito. Os heróis se aborrecerão. Os santos suspeitarão do inferno.

Apenas o sacrifício abre no mundo humano a profundidade celeste, revela o seio da divindade. O sacrifício é atroz, realmente atroz, e é por isso que inicialmente Ximena e, sobretudo, Corneille são imensos e admiráveis. Frustrando a tragédia, eles permitem que nossas vidas não sejam unicamente mortais: o sacrifício conduz à glória viva.

A mulher mais livre

Havia um problema: a conciliação impossível da honra da linhagem e da liberdade dos amantes. A impossibilidade é mantida, a honra não é perdida, o amor juvenil triunfará um dia. Por isso, era necessário escapar à economia social e circular da troca para entrar na história, confrontar o evento do amor – advento, talvez, desse "fenômeno erótico" descrito por Jean-Luc Marion[66].

Essa vitória não se dá sem uma condição célebre: permitir "o tempo, a paciência e teu rei". Quem é o rei de Corneille? Um pouco do monarca absoluto sonhado por Richelieu, um pouco do Deus cristão rogado por todos na época – as semelhanças são ao mesmo tempo simpáticas e cheias de ambiguidades que um dia terão de ser eliminadas. Em todo caso, não por agora: permaneçamos dessa vez nas efusões dos amantes. Lembremos que, para salvar o mundo heterogêneo, é necessário, além da virtude da es-

---

66. MARION, J.-L. *Le phénomène érotique*. Paris: Grasset, 2003.

perança, um ponto de apoio exterior, a garantia da ordem universal por um monarca ao qual nada se compara – esse ponto é suficientemente desenvolvido na peça. Ou consideramos seu apelo ou não. Ou a heterogeneidade é escandalosa e fecunda, ou a autonomia é esplêndida e mortal. Ou Rodrigo e Ximena, ou Romeu e Julieta.

Uma palavra ainda, pois a solução corneliana ainda arrisca perturbar nosso século XXI como escandalizou sua época. A trama de Corneille se desenvolve em um mundo brutalmente contrastado – heterogêneo, como todo o resto na peça, com resolução e orgulho, segundo as visões desse século clássico. A glória parece chegar aos homens por suas grandes ações; às mulheres, por suas grandes paixões. Devemos compreender aqui que elas se distinguem ao permanecerem passivas, uma passividade muito mais radical do que a de Penélope? A distribuição de gêneros e de papéis seria chocante.

Que dizer? Podemos invocar a coerência da intriga à ordem social reinante na época. Podemos admirar ao menos uma mulher forte ao lado de Ximena: a infante, senhora destemida dos próprios tormentos, íntegra, além de sempre celibatária. Podemos aplicar um esquema sexual à peça, que fará o papel atribuído ao gênero corresponder às disposições de cada sexo (Rodrigo, no exterior, ativo, devastador; Ximena, no interior, passiva e, podemos pensar, fecunda) – solução que responderia incontestavelmente às visões dos contemporâneos.

Talvez, seja melhor constatarmos que, a partir de situações que não são similares, tudo se revela nessa peça, seja pelo jogo de rivalidades miméticas, seja pelo progresso do amor que se compartilha e consome todos os protagonistas. Já observamos o momento passivo de Rodrigo – o abandono e a inércia repentina do herói. Quando Ximena responde grandiosamente a Rodrigo, quando ele lhe estende sua espada para que ela enfim o execute: "Vai, eu sou tua parte e não teu verdugo", a ação "heroica" foi proposta à mulher. Em uma palavra simples e definitiva, e tão antiga (Eva já é na Bíblia a "parte" de Adão), ela escolheu seu destino, apaixonado, erótico, superior.

Sublinhemos com força que nessa passividade – caso haja uma – nada há de indigno. Ximena, que, a propósito, jamais poupou esforços, exprimindo seus descontentamentos e apelando vivamente a todos os atores do drama, sai da terrível confrontação livre, talvez a mais livre de todas. A mais nobre, portanto.

Rodrigo permanece o filho de seu pai, o servidor de seu rei: tem seu lugar marcado no mundo. Tendo aceito tudo, Ximena nada deve a ninguém. O rei a desligou de seu pai, confirmou-a no que ela sempre quis ser – a amante de Rodrigo – e, quanto a Rodrigo, coloca-se em sua mão, não a abandonará mais, dá a ela sua vida. Nesse mundo particular que é a Espanha do *Cid*, país da honra e reino do amor, Ximena descendo ao mais baixo é elevada ao mais alto. Esse percurso apenas captura e ilustra o famoso paradoxo cristão descrito mais acima: a cruz, repugnante, pode converter tudo. *O Cid*, certamente, não é uma peça feminista, mas expõe perfeitamente uma glória feminina.

4
Verdade da literatura
O duque e a duquesa de Saint-Simon

É razoável considerar a peça mais movimentada de Corneille um testemunho crível de sua época? É a posição que tomamos no começo dessa análise, estimando que as obras célebres devessem ao menos uma parte de seu sucesso à verossimilhança com as situações que expõem.

Para terminar, eis aqui algumas observações biográficas em torno de um casal muito real da aristocracia francesa na época do Grande Século, que nos permitirão trazer a fantasia e os elãs cornelianos para um solo mais firme, sem abandonarmos completamente o reino das letras.

Casamento razoável

O casamento desses dois altos personagens da sociedade e do Estado francês ainda responde a formas que recordam o passado. Louis de Rouvroy de Saint-Simon não é pressionado a se casar. Porém, órfão de pai muito jovem, compreende em breve que não chegará a lugar algum na corte do Rei-Sol sem uma rede familiar sólida e, portanto, sem um casamento. Ele decide satisfazer os desejos de sua mãe, escolhendo uma esposa que tenha uma condição equivalente à sua. Ele a encontra na poderosa família do Marechal-duque de Lorge.

Gabrielle, por sua vez, aquiesce voluntariamente a essa união muito honorável: Louis de Saint-Simon é jovem, belo, visivelmente inteligente e muito cultivado, rico, mais bem colocado ainda que seus pais na rigorosa hierarquia da corte. Ainda que ela o aceite, não saberíamos dizer se ela o escolhe como é escolhida. Ela não tem de se lançar na busca de um bom partido como seu futuro esposo, a quem são apresentadas todas as beldades da época. Além disso, a Senhora de Lorge de fato pensava que sua filha mais jovem fosse a preferida do rapaz, mas não: Geneviève se tornará Duquesa de Lauzun, desposando, aos 15 anos, Antonin Nompar de Caumont, quarenta anos mais velho do que ela! É verdade que ele a aceita sem dote...

Tudo isso para lembrar que, como em todas as épocas precedentes, o casamento não se funda inicialmente em sentimentos recíprocos, mas é, sobretudo, assunto de "famílias". E esses assuntos são principalmente masculinos. Esse casamento tão valoroso, unindo duas famílias ducais, é, além disso, submetido à autorização do rei e depois, mais formalmente, à dos príncipes de sangue.

Após sua união, começa para Saint-Simon a vida de representação de grandes senhores da corte francesa, onde cada um ocupa cargos eminentes que os mantêm muitas vezes distantes um do outro. Eles viajam constantemente a Marly, Versalhes, Paris, ao seu Castelo do Perche, ao regimento que Louis comanda no início de sua carreira, a Blaye, onde é governador, finalmente a Madri, onde ele é nomeado embaixador junto a Felipe V[67]. A carreira de um príncipe da inteligência de Saint-Simon é feita, além dessas ocupações, de inúmeras missões mais ou menos pontuais, e de um jogo político que o talento do escritor tornou vertiginoso. A desgraça é sempre possível, e não se trata aí apenas de amor-próprio. É uma família inteira, inúmeros parentes e amigos que são afetados pelo favor do rei e pela amizade dos cortesãos. Quanto à duquesa, dama de honra da delfina, Duquesa de Borgonha, e depois da Duquesa de Berry em 1710, é adstrita a uma corte extenuante em torno dos príncipes. Além disso, ela gerencia os bens dos esposos. Não é uma ocupação medíocre, inicialmente, pela extensão das posses, mas, sobretudo, pela das despesas: Os Saint-Simon vivem permanentemente de crédito. Mas Gabrielle é competente nisso: a fortuna familiar não havia diminuído quando morre em 1743.

O duque e a duquesa são cristãos fervorosos. Louis é muito amigo de Charles Armand de Lancé, abade da Trappe, reformador da ordem cisterciana, uma das personalidades espirituais mais notáveis deste século XVII, além de materialmente muito rico. Esse se torna, de certo modo, seu diretor de consciência, e, regularmente, a cada seis dias, Saint-Simon faz retiros em sua casa. Ele ora em silêncio, fala com seu amigo sobre a vida interior ou sobre

---

67. Para se ter uma ideia da intensidade e densidade dessa vida social do duque e da duquesa, mencionamos simplesmente o fato de que as *Mémoires* traçam o retrato preciso de não menos que 7.850 personagens…

os eventos religiosos consideráveis que marcam a época: a revogação do Édito de Nantes, o quietismo da Senhora Guyon, a bula *Unigenitus* condenando os jansenistas... É um católico envolvido de sua época, ao espírito muito liberal e aberto, geralmente moderado.

Amor crescente

Louis e Gabrielle são, enfim, muito apaixonados ao longo de sua vida juntos, a ponto de surpreender seus amigos ainda muito tempo após seu casamento. Separado dela pelas circunstâncias, escreve-lhe quase todos os dias. Nas inúmeras tramas que marcam sua carreira, deve muito à inteligência política, à moderação e à paciência de sua esposa, a duquesa. As relações, e sobretudo o sentido das relações, de Gabrielle muitas vezes sustentam sua posição. O sucesso social de Saint-Simon é o do casal, e Louis reconhece isso em mais de uma ocasião em seus escritos. Esse reconhecimento se exprime luminosamente na homenagem que faz à sua esposa defunta:

> Suas virtudes incomparáveis, a piedade inalterável de toda sua vida tão verdadeira, tão singularmente amável, [...] a ternura extrema e recíproca, a confiança sem reserva, a união íntima perfeita, sem lacuna e tão plenamente recíproca que aprouve a Deus abençoar singularmente o curso inteiro de nosso casamento, que fez de mim, enquanto durou, o homem mais feliz, apreciando sem cessar o preço inestimável dessa pérola única, que, reunindo tudo o que é possível de amável e estimável com o dom mais excelente do conselho, sem jamais expressar a menor complacência, assemelha-se tanto à mulher forte descrita

pelo Espírito Santo, cuja perda onerou minha vida e me tornou o mais infeliz de todos os homens pela amargura e pelas dores que experimento dia e noite quase todo tempo[68].

Eis aqui exatamente o tipo de documento que o historiador coleta com sofrimento nas épocas precedentes, e que se torna mais comum ao longo do século XVII. Talvez seja simplesmente um progresso da escrita, uma atenção mais viva dos contemporâneos aos seus estados psicológicos, mas, sem dúvida, a pena e o coração trabalham juntos aqui, um acompanhando e guiando o outro. Quais são os elementos mais surpreendentes desse texto comovente?

Saint-Simon deve sua felicidade à sua esposa, e mais: não pode viver sem ela. O reconhecimento da dependência psicológica, quase existencial, de um homem por uma mulher já é uma primeira e grande novidade. Mensuremos a personalidade de Saint-Simon, um soldado, que provém inteiramente de uma nobreza de espada. Esse meio associava até então o amor e as relações com mulheres à bravura, à temeridade, à conquista, a valores essencialmente viris.

Sabíamos bem que a felicidade de um homem dependia da esposa que ele escolhesse, mas fazíamos referência às suas qualidades como dona de casa: era efetivamente a felicidade de uma família que estava em causa, não a de um casal. Ou então se honrava a esposa pelos filhos que ela dava à família. Mas os filhos estão ausentes aqui. Trata-se apenas de "confiança sem reserva", de "união íntima perfeita", enfim, de "ternura", palavra nova na época de Saint-Si-

---

68. Apud LORIEUX, D. *Saint-Simon*. Paris: Perrin, 2001, p. 345.

mon. "Ternura" se dizia até então de uma carne não muito dura; "terno" designava um estado de fraqueza, de imperfeição, de inferioridade. Os comportamentos ternos, o fato de "tratar delicadamente", de "mimar", como se fazia no século XVI, eram apenas do protetor ao dependente: uma mulher podia "acariciar", mas não "tratar delicadamente" seu esposo. A ternura é um sentimento novo, marcada de reciprocidade e igualdade; reciprocidade que Saint-Simon destaca, aliás, em seu texto. Segundo o historiador Maurice Daumas, essa novidade "reflete uma feminização da arte de amar"[69]. Ela é indissociável de uma clara promoção da mulher na sociedade da época.

Vemos claramente isso no caso de Gabrielle de Lorge. De modo geral, há três domínios nos quais a mulher se afirma no século XVI e, sobretudo, no século XVII: a família, as letras, a religião. Como vemos, essas evoluções dizem respeito apenas a uma estreita faixa da sociedade, a aristocracia, a burguesia e os meios urbanos em uma época em que a imensa maioria dos franceses ainda trabalhava nos campos. No entanto, não estão completamente afastados da sociedade das cidades, e o que dissermos da família pode também, com prudência, aplicar-se a eles.

As responsabilidades da mulher na casa – a gestão dos bens familiares – são antigas. O estudo de inúmeras fontes modernas sugere que essa responsabilidade é acompanhada de uma autonomia crescente. A confiança se instala nas famílias. A esposa é cada vez menos sujeita à supervisão da sogra, do esposo ou dos irmãos: a vida familiar se concentra

---

69. Maurice Daumas, *Le mariage amoureux*. Op. cit., p. 110.

em torno do casal e se realiza em benefício da mulher. No domínio das letras, as mulheres adquiriram uma reputação de primeira ordem. Sem dúvida, o meio humanista é quase exclusivamente masculino. A erudição parece ainda assunto de homem. Contudo, nos cursos da Renascença, inúmeras mulheres se dedicam à poesia. Os salões do século XVII consagram essa evolução. A ambiência nada tem a ver com a distância que impunha o amor cortês na Idade Média: homens e mulheres mantêm aí um comércio tranquilo e elegante em pé de perfeita igualdade, nas peças com decoração suntuosa e íntima ao mesmo tempo. Mas é certamente na história da religião que as mulheres marcaram melhor sua época. O que teria sido o grande século das almas, a escola francesa de espiritualidade, sem a Senhora Acarie, sem as damas da Caridade de Vincent de Paul, sem Angélique Arnault ou a Senhora Guyon, ou a Philotée de François de Sales, Jeanne de Chantal? As mulheres acompanham e dirigem os inúmeros e tão ricos movimentos espirituais da época. Elas estão na origem da incrível multiplicação dos conventos ao longo do país. Somente às visitandinas abrem mais de oitenta ao longo do reino...

Dessa influência religiosa, vemos inúmeros traços no texto de Saint-Simon. O vocabulário com o qual descreve a relação conjugal é de origem mística, tal como essa "união íntima perfeita" que conheceu com Gabrielle. Ela, cuja piedade é "inalterável", que recebeu o "dom do conselho", é a mulher forte descrita pelo Espírito Santo nos livros sapienciais do Antigo Testamento, é descrita em termos que traduzem a cultura religiosa do autor. Mas Gabrielle é ainda mais que isso, é "essa pérola única", cujo valor é inestimável, embora o homem da parábola venda tudo que possui para adquiri-la: impossível crer que a imagem seja fortuita. O casal se tornou o lugar de uma vida pessoal e espiritual fundamental. No caso de Saint-Simon, essa vida é a parte mais preciosa de sua existência.

Isso é excepcional um século antes: então, homem algum teria preferido sua esposa a seus amigos e pares – ninguém colocaria esses dois tipos de vínculos sobre o mesmo plano. Saint-Simon rompe a tradição que desejava que o décimo-terceiro duque e sua esposa fossem sepultados no porão familiar na catedral de Senlis, uma das mais prestigiosas da monarquia francesa. Louis quer o túmulo de sua esposa perto dele. Assim, ela é enterrada na igreja paroquial de La Ferté-Vidame, próxima do pequeno Hospital da Caridade onde ela cuidava dos doentes, perto do castelo dos Saint-Simon. E ele se fará enterrar perto de sua esposa, pedindo que seus caixões sejam presos um ao outro por ganchos de ferro.

E os filhos?

Louis e Gabrielle terão três filhos. É pouco, mas esse número restrito satisfaz a norma do meio ao qual pertencem. Como se dá isso?

A história da contracepção é difícil de escrever. As receitas conhecidas são menos numerosas na Idade Média do que na Antiguidade, mas a natureza de nossas fontes, principalmente clericais, pode explicar esse silêncio sem que possamos concluir dele o que quer que seja. O século

XVII parece o primeiro em condição de nos oferecer uma informação clara sobre esse tema. Os registros paroquiais confirmam a ideia de que nenhuma contracepção é praticada nessa época. E depois se mostra que os meios dirigentes – alta burguesia, aristocracia – passam a limitar o número de seus descendentes desde o início do século XVIII, e mesmo no fim do século XVII. Preocupação com educação ou cálculo social, essa nova atitude se difunde rápido entre a população.

Duas leituras são feitas dela: os autores católicos do século XIX, como Frédéric Le Play, leem nela um primeiro sintoma do recuo da prática religiosa, uma causa distante, segundo eles, da decadência das elites e da Revolução. Os historiadores contemporâneos tendem a reverter a proposição: na verdade, são as práticas contraceptivas – o *coitus interruptus*, condenado pela Igreja – que, ao privarem os esposos da absolvição, afastaram-nos dos altares. Em todo caso, o malthusianismo nasceu em um meio cristão, e pode ser relacionado com um progresso da vida conjugal, da intimidade, da educação, de uma sexualidade responsável. Consequentemente, a transição demográfica começou na França a partir de 1790, o que fez de nosso país uma exceção absoluta na Europa e contribuiu para fomentar um pessimismo singular no século XIX.

Agora, a criança é objeto de todas as atenções. Testemunho disso são os manuais de educação, dos quais *Emílio*, de Jean-Jacques Rousseau, é o mais célebre. Os debates muito intensos em torno da amamentação, que deve ser natural – desconfia-se das amas de leite, que matam – é outra prova: quer-se as crianças saudáveis, felizes e bem-educadas. O paradoxo aqui é que se sua felicidade parece mal-assegurada, elas são abandonadas. O caso de Rousseau não parece uma exceção caso consideremos a maré de crianças encontradas, que oferece aqui um contraste brutal com o século precedente.

Aqui começa a intervenção do Estado na esfera familiar: os casais esperam que se responsabilize pelas crianças das quais não podem cuidar. Contam-se 3.150 crianças encontradas em Paris em 1740, 5.000 em 1760, 7.676 em 1772; números corroborados ao longo do país. Em treze anos, no hospital de Rennes, as admissões de crianças quadruplicaram. O abandono infantil é muito burguês e tem a ver, sobretudo, com uniões ilegítimas, mas esse nem sempre é o caso. Em Nantes, 38% dos abandonos, nos vinte anos que precedem a Revolução, resultam de casais legítimos[70]. A mortalidade desses bebês é assustadora, e os pais nem sempre o sabem: apenas uma em cada dez crianças chegará aos 10 anos. Porém, a exigência popular não falha, convencida de que o Estado tem melhores condições de criar essas crianças. As problemáticas contemporâneas estão colocadas.

---

70. Cf. BURGUIÈRE, A. *Le mariage et l'amour en France, de la Renaissance à la Révolution.* Paris: du Seuil, 2011, p. 180-183 e o capítulo 12, "Les funestes secrets de l'intimité", p. 333s. para o controle dos nascimentos.

Parte IV
Movimentos modernos

Seria necessário outro livro para contar o que designamos aqui pelo termo amplo e vago de "movimento", por vezes, francas rupturas, por vezes, simples deslocamentos, por vezes, deformações, inflações ou asfixias, aprofundamentos ou elevações, movimentos geralmente recobertos pelo manto amplo do "progresso histórico". Necessitamos nos contentar aqui com alguns testemunhos retirados da multidão: Marivaux, para designar brevemente as principais direções do que se convencionou chamar a "modernidade"; Fourier, para contar seus sonhos; Hitchcock, para nos envolver numa certa visão da revolução sexual.

Parte IV

Monumentos modernos

1
Marivaux moderno

O Jogo do amor e do acaso: eis aí impecavelmente enunciado em 1732 o motivo dessa famosa modernidade na matéria que nos interessa, e apoiaremos, aqui, a ideia de que, no amor, e com relação aos problemas conjugais, a modernidade é provavelmente apenas uma gigantesca marivaudagem.

Mas, para compreender essa palavra, é necessário levar em consideração a seriedade desse autor muito facilmente qualificado de leve. É verdade que, quando Arlequin surge, os sociólogos têm por que hesitar: é sábio estudar relações conjugais e extrair o tipo de uma época a partir das bufonarias italianas? Talvez.

Marivaux é um pensador profundo, um teórico preciso das relações sociais e dos problemas fundamentais do amor. Seu teatro é um laboratório onde são conduzidas as experiências mais revolucionárias: toma-se homens e mulheres, corpos e espíritos situados em condições geográficas e sociais, precisamente calculadas, coloca-se hipóteses, verifica-se trajetórias. Essas experiências, ainda que respeitem a decência do público, não impedem qualquer montagem – todas as soluções são vislumbradas. É, portanto, um jogo muito sério, mas jogado com uma leveza quase ideal, com essa elegância tão delicada do século XVIII francês, jamais igualada em outros tempos ou lugares, e raramente melhor expressa do que por Marivaux.

O jogo do amor e do acaso é a obra-prima desse mestre incomparável. Capaz de agradar universalmente, de oferecer tanto a gargalhada quanto a reflexão mais refinada, é tão perfeito que respalda as leituras mais contraditórias. Conforme o modo que olhamos aqui ou ali, julgaremos Marivaux cínico ou generoso, perfeitamente reacionário ou magnificamente revolucionário. É o que vamos fazer: indicar inicialmente a tendência moderna que parece abrir nossa dramaturgia, e depois retornar sobre nossos passos e propor uma segunda leitura. Cada pessoa julgará conforme a aparência que lhe convenha – é o princípio desse teatro de máscaras.

O jogo do amor e do acaso é jogado por Sílvia, filha de Orgon e jovem de boa família, que não quer se casar, ou, pelo menos, não sem ter podido observar seu prometido à vontade e tê-lo escolhido com conhecimento de causa. Quando um bom partido aparece – Dorante, filho de um amigo de seu pai –, ela veste a roupa de sua criada para conduzir sua investigação *incógnita*. A criada em questão, Lisette, momentaneamente ocupará, apropriadamente vestida, o lugar de sua senhora. Ocorre que, do outro lado, imaginamos que pelos mesmos motivos, as mesmas precauções são tomadas: o jovem de boa família se apresenta vestido como seu criado, Bourguignon, que, por um tempo, fala no lugar de seu senhor. Os dois pais, espíritos abertos, "liberais", podemos dizer, toleraram esse procedimento divertido.

Eis-nos aqui repentinamente muito distantes dos graves amantes cornelianos. Contudo, de um teatro ao outro, apreciamos a mesma apologia do amor fiel, para além do conflito que opõe infatigavelmente a força da paixão à "ordem de posições e dignidades", ou, para falar como Sílvia, o "combate entre o amor e a razão". É sempre o casamento que oferece a única resolução convincente às tensões da juventude: "Perturba, devasta, arde, enfim, esposa", aconselha Orgon, dessa vez, poético, a Lisette, que pensa estar seduzindo um homem que considera um senhor, mas que não é outro senão Bourguignon.

Mesmo ponto de partida, mesmo ponto de chegada. Contudo, entre esse século e o anterior, um certo peso é deslocado. A tragicomédia corneliana se tornou simplesmente uma comédia; a prosa substituiu os versos; o sarcasmo, a tirada; a espontaneidade, a ênfase. Tentemos precisar esse clima novo em algumas observações simples para compreendermos este famoso século XVIII francês e no que ele contribui para o conhecimento do casamento.

Os novos enamorados

A primeira diferença reside, sem dúvida, no fato de que os heróis não estão em busca dos mesmos bens. Ximena e Rodrigo anseiam, sobretudo, por provar seu valor, eles se reconhecem grandes e desejam a glória. Seus bisnetos, Dorante e Sílvia, estão em busca da verdade: verdade sobre o outro, verdade sobre si. À conquista soberba sucedem investigações cautelosas. A nova abordagem talvez modifique, como veremos, a qualidade do vínculo.

De qualquer modo, em torno de ambos, o ambiente mudou: os primeiros se moviam nas aleias do poder, jamais longe do trono; os segundos suspiram e se buscam através dos corredores domésticos, entre a copa e o salão de uma casa burguesa. Os usos e as distâncias sociais não desapareceram, mas certamente nada mais têm de trágico. Enquanto os heróis cornelianos nos parecem dolorosamente restritos, as figuras de Marivaux parecem desfrutar de uma grande e confortável liberdade. Amem sem medo, queridos filhos: eis a fala várias vezes repetida do anfitrião.

Enquanto o poder real era majestoso em Corneille, a ordem social que continua a manter a casa do Senhor Orgon é alvo de uma série de críticas discretas, mas numerosas e muito agudas. Desde a primeira cena, o casamento de conveniência ordenado pelos pais já está arranhado. Orgon quer apresentar aquele que escolheu para genro à sua filha, mas, ele anuncia: "Se Dorante não te convém, basta dizer, e ele parte; se tu não convéns a ele, igualmente, ele parte". E Lisette, zombando do caráter expeditivo do procedimento: "Um duo de ternura decidirá isso, como na ópera: tu me queres, eu te quero: rápido, um tabelião; ou, não me amas, nem eu a ti: rápido, um cavalo".

Com a fantasia dos dois jovens surge um mundo onde senhores e criados são finalmente intercambiáveis – não é necessário muito para que Lisette faça uma marquesa convincente. Uma vez que, de alto a baixo na escala, todos desfrutam com um ardor idêntico os acasos do amor, a hierarquia social e seus rigores revelam seus artifícios.

A seguir, Sílvia, considerando o valor inegável de Dorante, lamenta por ele ser apenas um criado e deplora o fato de a infelicidade afligir as pessoas honestas: essa seria, então, a raiz das desigualdades? Essa contingência aflige de uma dúvida obstinada a própria legitimidade das separações, posições e dignidades.

Marivaux é refinado demais para negligenciar a realidade dessa ordem social que não se trata de inverter: no fim, a jovem burguesa esposará o cavalheiro e o criado, a criada. Se essa pode rivalizar em espírito e elegância com sua senhora, aquele não era polido como seu senhor, é de uma franqueza brutal e hilariante que não deixa dúvida alguma sobre sua falta de educação. Eis aí, finalmente, o que explica que uns comandam e outros obedecem: os primeiros foram instruídos pelas distinções sociais que conhecem e que sentem, os segundos "não sabem a consequência de uma palavra". Toda a ordem social repousa sobre esse saber preciso. E se lembramos que o imenso edifício do casamento se ergue sobre uma fala singular, apreciamos, como é comum nesse autor, a profundidade do sarcasmo.

Uns são distintos porque sabem distinguir, os outros permanecem em sua obscuridade social porque não têm essa finesse, ou essa educação. Aqui, Lisette, a despeito de sua graça pungente, não se dá melhor do que Bourguignon: deslumbrada por sua repentina elevação, incapaz de reconhecer um subalterno sob o hábito do senhor, merece retornar à copa, onde é seu verdadeiro lugar. É a palavra, é o aspecto, é uma fisionomia que marcam uma condição, e, por trás de tudo isso, é a percepção, muito política, do valor das palavras e das pessoas. Eis aí o que autoriza Dorante a esposar uma Lisette que fala e se porta como Sílvia o faria: "Tenho uma propensão a te tratar com respeitos que te fariam rir, ele lhe diz. Que espécie de criada és tu, com teu ar de princesa?[71]" Ao que Sílvia responde: "Então, tudo o que dizes que sentes ao me veres é precisamente a história de todos os criados que me viram". Ela fala aqui genuinamente.

A deliciosa ambiguidade que constitui o gênio de Marivaux: a ordem social é ao mesmo tempo artificial e talvez duvidosa, mas é ela e nenhuma outra que funda o reconhecimento das pessoas. Seria permitido afirmar que é um universo, no fundo, muito pouco moral e finalmente muito conformista: que cada um espose seu equivalente; a natureza fez as coisas assim, trata-se de as respeitar...

A ordem da natureza benéfica

Natureza é, certamente, o argumento mais decisivo, o mais fundamental da meditação de Marivaux. A peça começa com um pesado ataque contra o casamento e uma decisão surpreendente da senhora: Sílvia pretende não se casar para não cair sob o jugo de um esposo hipócrita.

A vida conjugal, ela explica, que força pessoas diferentes a viverem sob o mesmo teto, obriga-as a se apresentarem sob determinados aspectos, a passarem diante dos olhos da sociedade pelo que não são. O casamento é um tipo particular de restrição que quer que a soframos privadamente e que a enalteçamos publicamente. Ele impõe uma dissimulação,

---

71. MARIVAUX. *Le jeu de l'amour et du hasard*. Paris: Gallimard, 1949, p. 685.

uma mentira perpétua. O casamento aliena minha liberdade, impede-me de ser *natural*: esse é o argumento de Sílvia. Nisso, ela é a neta do grande Molière, já prevenida, no limiar da existência, contra todo artifício mundano.

Apreciaremos, contudo, o paradoxo que quer que, para descobrirem a verdade de uma relação mais justa, para triunfarem sobre a hipocrisia, os jovens se apressem em vestir disfarces, em se apresentar sob máscaras, e, finalmente, em mentir para anfitriões estimáveis. Admitamos que uma subversão como essa seja necessária a uma iniciação bem-sucedida. No término dessa, Dorante e Sílvia terão aprendido que toda aparição no mundo dos humanos exige uma parte de reserva, de simulacro, que uma certa dissimulação pode servir a uma verdade mais elevada do que a do instante presente.

Mas de qual verdade se trata? Sílvia se quer livre. Sua independência em relação ao casamento impõe nosso respeito. Em um universo cristão, semelhante exigência é um indício de sua grandeza de alma: na Europa, durante séculos, são inúmeros os religiosos e religiosas que preferiram se consagrar à Igreja, esposa de Cristo, em vez de se unirem a seus semelhantes. A boa vida cristã é uma vida de oferta a Deus, e o casamento é apenas uma via entre outras em vista dessa – não é novo, portanto, que a liberdade das pessoas seja consagrada.

A novidade, no caso de Sílvia, é que, ainda que contemple resolutamente o celibato, não pretende, por isso, entrar nas ordens. Na verdade, Deus desapareceu completamente da casa do Senhor Orgon. Sua filha, no início da peça, não parece desejar senão tranquilidade. Não poderíamos dizer que renuncie ao casamento, ela o denuncia.

Sua vida não é para seu esposo, nem para seus filhos, nem para Deus, é para ela. O casamento, de resto, tampouco é para Deus, nada tem de religioso. Com um traço mais fino, mais delicado que qualquer outro, Marivaux nos entrega a chave da união numa réplica brilhante de Lisette, no início do ato I. Nós a ouvimos responder sua senhora que continua a lhe descrever os pormenores das infelicidades conjugais que testemunhou:

> – Eu a encontrei [ela fala de uma conhecida casada com um certo Tersandre] muito abatida, com uma cor pesada, com os olhos de quem tinha chorado; eu a encontrei como eu seria talvez; eis meu retrato futuro, corro o risco de ser pelo menos uma cópia sua; ela me apiedou, Lisette: se eu te fizer apiedar também: isso é terrível, que dizes disso? Pensa no que é um esposo.
>
> – Um esposo? É um esposo; você não deveria ter terminado com essa palavra; ela compensa todo o resto[72].

Espontânea, espiritual, com uma brevidade sem igual, Lisette é de uma naturalidade impressionante. Ela representa o casamento: o esposo, o casamento, tudo isso é natural, de uma natureza cujo sabor, entusiasmo, graça são encarnados imediatamente pela deliciosa Lisette. Isso não se explica, não se discute, nada há a fazer senão se decidir sobre isso. Só esperamos uma coisa: que a senhora seja ao mesmo tempo tão sábia e talvez tão divertida quanto sua criada.

Como nos encontramos longe dos debates filosóficos, religiosos, morais dos séculos precedentes! Oportuno, equilibrado, uma vez mais: eis a quintessência da sociedade

---

72. MARIVAUX. *Le jeu de l'amour et du hasard*. Op. cit., p. 678.

humana – diante do casamento, o grande assunto de sua vida, Lisette se encontra abundantemente provida, enquanto Sílvia parece, em vez disso, laboriosa.

A conquista da autonomia

A fonte de toda dignidade não está em Deus, tampouco em uma majestade real que encarnaria a plenitude da ordem social. A dignidade se situa na coincidência de mim com minha natureza própria – a lamentação magnificamente egocêntrica que acabamos de citar ilustra isso.

A dignidade não está no exterior, mas dentro de mim. A peça finaliza praticamente quando Sílvia exclama: "Ah! Vejo com clareza em meu coração". Dorante se revelou. Não é ele que ela contempla, é seu coração, toda sua satisfação de ter reconhecido em si um desejo conforme à sua posição social. Feita essa verificação, ela poderá se deixar levar com naturalidade – ela escolheu o que queria, ela quer o que escolheu, tudo coincide afortunadamente: a promessa da felicidade não pode deixar de ser cumprida. Essa ambição de uma felicidade burguesa, exclusiva e completa, talvez seja, no fundo, a principal luz desse século das Luzes, pintada e desejada em todos os romances da época, nas cenas de gênero, nos libelos e mesmo na filosofia política de seus salões.

A felicidade jamais esteve no programa dos heróis clássicos. A coincidência apreciada por Sílvia jamais teve qualquer chance de se realizar para seus ancestrais que viam, ao contrário, na distância entre seu estado e sua vocação a ocasião da glória, a chance de sua vida. Somente a salvação contava. A partir daí, a felicidade poderia se conceber mesmo nas piores desgraças.

Os tempos mudaram. Para compreendermos isso é necessário ver em Marivaux o testemunho e o defensor de uma época em que os comandos da Igreja terminam se impondo às classes sociais mais elevadas. A reflexão da ordem social em Marivaux, com todas as suas ambiguidades, tornou-se possível graças ao fato de que, nesse momento preciso da história, a aristocracia havia relaxado suas exigências e se unido aos comuns em suas esperanças conjugais. Fiquem tranquilos: a nobreza francesa permanecerá endogâmica até o fim de sua história – como quer, aliás, a peça de Marivaux.

Porém, sob a conduta do rei absoluto, a classe dirigente se aburguesou. Antes, na França, somente os amores camponeses ou plebeus seguiam as inclinações do coração – era a imensa maioria. Naturalmente, podia existir pais calculistas, autoritários, inconvenientes, mas a maior parte dos casamentos se dava nas danças do verão, na aldeia ou na paróquia, onde as pessoas cresciam, onde terminariam suas vidas. A maioria era de existências imóveis em comunidades estreitas, era raramente difícil prever quem seria prometido a quem. As possibilidades não eram numerosas, e estava aí a principal restrição. Os casamentos podiam ser livres porque as diferenças de fortunas, oportunidades e perspectivas eram muito reduzidas.

O mesmo não ocorria com os mais ricos: o heroísmo conjugal só podia dizer respeito a eles. O conflito entre o dever familiar e a independência dos filhos, por vezes, intensificado pelo espírito rebelde de uma parte dessa classe, esse conflito era reservado a um número muito pequeno. É esse pequeno número que, por mais católico que fosse, sempre recusou a lei católica do casamento, que propõe a plena e inteira liberdade dos esposos. A despeito dessa resistência, os casamentos se tornam mais abertos, a ideia das "afinidades eletivas" progride e com ela essa esperança fundamental de Marivaux e de todo o século XVIII: a ideia da felicidade. O casal deveria ser feliz.

Esse aburguesamento se explica por outra evolução tipicamente francesa. As causas da nobreza, os motivos tradicionais da grandeza desapareceram no século das Luzes. Como dissemos, não há religião em Marivaux; tampouco, há rei: os Bourbon estão em Versalhes onde o trono está garantido para sempre. Jamais nas peças do século precedente os apaixonados esquecem seu dever político, as obrigações da honra. Mas eis o século dos santos atrás de nós, controlados os ímpetos belicosos da nobreza. A partir daí, reina a paz sob a conduta de Luís o Bem-Amado. Aqui, não se morre mais. Restam aos franceses apenas as alegrias provinciais: passeios, leituras, conversas, um pouco de música, um toque inclusive de "filosofia". A esfera das ações públicas é consideravelmente modificada. Seus protagonistas parecem personagens de Watteau, ou talvez de Boucher: sensuais, tocantes, relacionando-se apenas consigo. Autônomos, portanto. Insignificantes?

A ponta erótica

Não totalmente insignificantes. A peça e a literatura do século estão ardendo inteiramente por uma febre singular, de uma paixão precisa, a de ver e de ver bem. A paixão da verificação: eis aí a iniciativa moderna, ao menos no amor, o que faz com que reste a nossos burgueses algo a conquistar.

Sílvia vê sem seu coração e nós vemos com ela. De um extremo ao outro, de parte a parte, a peça inteira é espetacular. Desde a cena de abertura, a jovem afirma ter percebido com clareza o jogo dos maus maridos. Ela quer observar seu prometido, que por sua vez quer vê-la sob uma luz cuidadosamente escolhida. Seu pai e seu irmão se deleitam com o espetáculo que ela e Dorante, e Lisette e Bourguignon, oferecem-lhes. Nós assistimos deliciados com todos esses exames, amaríamos escrever todas essas *viagens*, pois em tudo isso encontramos uma leve e voluptuosa nuança de voyerismo. A visão é o princípio do prazer e da felicidade, mas os protagonistas não dizem, como Teresa de Ávila e todos os santos cristãos após o Apóstolo João: "eu quero ver Deus". Eles querem se ver, enquanto consideram-se uns aos outros.

A prudente, a pudica Sílvia corre atrás desse prazer singular tanto quanto os outros: ela quer *ver* Dorante finalmente renunciar a tudo por ela – esse será seu triunfo. Observar uma pessoa se unir e ceder completamente ao instinto que a incita é admirar ao mesmo tempo a sabedoria eterna e o melhor da história, é menos solene, mas não menos feliz do que a liturgia do casamento. Parece permitir dizer que Marivaux nos faz sentir aqui uma suspeita de erotismo.

O prazer delicioso que nos proporciona o teatro de Marivaux, como a pintura de Watteau parece tão bem ilustrar, é um prazer que jamais se desfrutou com tanto frescor em Racine ou Molière. Em que reside? Ao ver a jovem um pouco arrogante imaginar repentinamente um prazer que ela se proíbe, passa a apreciar, no início secretamente, o que lhe repugnava, consentir no que ela reprovava, finalmente amar aquilo do que pretendia fugir. Eros em operação: num momento, o espírito afunda na carne, a confusão aumenta, com uma ponta de inquietude e uma certa voluptuosidade, a vontade entrevê sua degradação e se prepara para afundar. A carne poderia não ser senão carnal e não seria menos gloriosa.

O episódio impõe algumas humilhações. Marivaux as destila com saborosa delicadeza. Sílvia se ofusca diante das audácias de seu irmão, as consolações de seu pai lhe parecem ofensivas, ela cora sem convencer, debate-se um pouco, constata por si a justeza dos insultos que a ferem – esse Bourguignon é admirável; não cederemos, com certeza, mas poderíamos ceder. Ao longo de toda a peça perpassa um certo fio subversivo, que nada tem a ver com as alcovitices, obscenidades ou situações escabrosas dos séculos precedentes.

Colocarmo-nos como observadores do amor é nos conhecermos como objeto: aventura perigosa. A partir dessa posição experimental, todo o século XVIII vai se lançar na busca de moças respeitáveis para multiplicar essas iniciações. Em nome da felicidade, seduz-se, rapta-se, mobiliza-se conventos inteiros, e, como o frêmito é um pouco breve, prolonga-se com trocas, prostituições, folias mais violentas. Isso será Crébillon, e depois Restif de La Bretonne, e depois Sade, para citar apenas os astros mais conhecidos dessa galáxia singular. Será que Marivaux, o iniciador, abriu o jardim dos prazeres proibidos?

Justiça para Marivaux

Analisando a peça mais célebre desse autor, um dos mais prolíficos de nossa literatura, chegamos a duas proposições. A primeira, mais geral, coloca a ideia de que Marivaux é o primeiro autor verdadeiramente moderno nas coisas do amor. Ele conta a história de indivíduos que, no fundo, estão interessados apenas em si, em suas posições, apetites e estratégias. Ele evoca uma sociedade que seu espetáculo basta para ocupar, expõe um casamento reduzido ao instinto, tanto natural como social. A segunda proposição, que deriva dessa, consiste um pouco logicamente em situar nosso autor na fonte da torrente erótica que vai varrer nossa literatura nacional durante um bom meio século.

Essas duas ideias, para não serem inteiramente falsas, não são completamente justas. Comecemos escavando o erotismo de Marivaux. De seu teatro aos romances de Crébillon ou Restif, há a mesma diferença que entre Watteau e Boucher, ou Fragonard. A diferença entre uns e outros se nomeia decência. Marivaux provoca o espírito, jamais o pudor. Ele pode querer subverter, jamais perverter. A nuança importa.

A perversão é simples de compreender: ela consiste em desviar um ente ou uma coisa de seu fim esperado. Direta ou não, massiva ou sutil, a perversão supõe sempre uma mentira. Fazer a política servir à religião, ou o contrário, a religião servir à política: perversão. Valorizar no órfão abandonado não a infelicidade, mas a proeza, não a caridade, mas o apetite: perversão. Anunciar um jantar amável entre amigos e protetores quando se trata de inaugurar uma prostituição: cena medíocre de *Teresa filósofa*, ou de outros romances do mesmo tipo na época da Pompadour. Libertinagem à revelia da liberdade.

A subversão é delimitada com mais delicadeza. Poderíamos dizer que se trata de um retorno que permite considerar as coisas ou os entes sob um ângulo que não é aquele sob o qual se apresentam habitualmente. Essa subversão pode ser dolorosa e assumir o aspecto de uma perversidade, mas a operação é um momento necessário da verdade.

Quando Marivaux coloca o casamento em cena, abordando-o apenas sob o ângulo do prazer que dois jovens tiram de sua mútua frequentação, ele certamente subverte a noção clássica de casamento, noção até então muito vinculada à honra das famílias e ao bem da sociedade. Ele reduz a perspectiva, desloca o ponto de vista, coloca em cena finalmente mais uma iniciação erótica do que uma meditação social, mas não poderíamos dizer que tenha traído o casamento: será que ele pode se assentar sobre outra base que não essa dileção recíproca, comovendo a carne, provocando o espírito? Com firmeza e segurança, ele de fato leva em direção ao que lhe parece o núcleo do assunto: a comunhão autêntica e completa entre o coração de Sílvia e o de Dorante, entre o coração de Lisette e o de Bourguignon.

Ao realizar uma operação assim, e com seu talento, ele nos remete ao lar primitivo do amor, faz-nos desfrutar a inesquecível pureza. Como amaríamos viver uma vez mais as inclinações de uns e outros, sentir de novo na intimidade de nosso coração essa propensão para a beleza, para o espírito, para a sabedoria, para o pudor, para a generosidade de Dorante, para o orgulho de Sílvia!

Jamais o amor humano pareceu tão delicado, tão sutil, tão desejável sob essa luz da primeira juventude. Essa revelação merecia certamente ser unida aos testemunhos acumulados pela história em favor dessa aventura singular. Não se trata de cair sob as leis implacáveis de Eros e Tanatos. Mas a iniciação amorosa supõe um deslocamento, um consentimento, um abandono, e Marivaux expõe as modalidades mais felizes desses: tendo o casamento por finalidade, não serão desapontados. Que o esforço não cessa após o sacramento é outro caso, e só serão enganados pelas miragens da felicidade aqueles que desejam ser felizes. De qualquer modo, o casamento, para ser verdadeiro, para ser durável, para não corresponder à caricatura exposta por Sílvia na cena da introdução, deve assumir uma preparação autêntica.

No fundo, Marivaux litiga a favor de noivados sérios: noivados de uma liberdade total, de uma generosidade completa, uma vez que, salvo o leito, teremos aberto tudo ao outro. O casamento deve ser um assunto público, mas procede, sobretudo, de uma afinidade íntima. Tornava-se público, aqui, tudo o que podia sê-lo sem ferir o pudor, com perfeição de vivacidade, rigor e graça. Relativizando-as sem as negar, situaram-se eficazmente as distâncias sociais em benefício de um discernimento equilibrado. Explica-se os usos, faz-se sua parte naturalmente, não se condena o sacramento: esse é preparado. Se Marivaux é moderno, sua modernidade não matou o casamento cristão, ele atinge sua elaboração. Não somente é bom, é necessário à plenitude do assunto.

2

Reinventar o amor

Tentando explicar a influência tão considerável do comunismo nos debates franceses dos anos de 1950, Raymond Aron observa, em *O ópio dos intelectuais*, que esse articula três noções surpreendentemente poderosas no imaginário coletivo de nosso país. Essas três noções são "revolução", "proletariado" e "esquerda". O célebre analista não hesita em as qualificar de "mito", em razão de que, de uma parte, cada uma dessas noções se apresenta de maneira "épica" e, de outra parte, nenhuma tem realidade rigorosamente circunscrita. Por outro lado, cada um desses mitos obriga todos os interlocutores a se situarem em relação a eles, determinando assim implícita, mas rigorosamente, posições e autoridade no espaço público.

Não é impossível que o termo "patriarcado" tenha atingido uma dimensão assim em nossos dias. Capaz de englobar realidades tão variadas quanto a poligamia, a excisão das jovens e a vida conjugal de Saint-Simon, ninguém poderia defini-lo precisamente, mas todos sabemos o que pensar. Esperamos que as páginas precedentes tenham contribuído para melhorar essa compreensão.

É tempo de acrescentar um segundo conjunto de observações quanto a isso. Antes mesmo da Modernidade, o mito em questão e o que ele recobria – o "modelo patriarcal ocidental" – eram, senão discutidos, ao menos relativizados. Os letrados sabiam, desde o século XII, que outras organizações eram possíveis ou imagináveis. Desde cedo, A *República* de Platão, a já citada Esparta de Licurgo e as narrativas de grandes viajantes ofereceram perspectivas alternativas. E os clérigos já discutiam a validade do modelo corrente.

A crítica permaneceu rara antes do século das Luzes. Nós a apresentaremos, inicialmente, em um dos ensaios mais memoráveis, *O romance da Rosa*, obra de Jean de Meung, publicado no século XIII, e depois descobriremos a nova cidade, cujos planos são traçados por Charles Fourier, cinco séculos mais tarde, no começo da era industrial. Sob muitos aspectos, ela apresenta uma semelhança perturbadora com a nossa. Entre as duas propostas, será conveniente observar ao menos uma correspondência interessante.

Marotte e Robichon

Enquanto a imensa maioria das obras medievais em língua popular é conservada em menos de dez exemplares, muitas apenas em um ou dois[73], de *O romance da Rosa* conhecemos mais de duzentos e cinquenta manuscritos. Por trás da obra, uma literatura satírica retoma, discute e glosa o longo poema, geralmente com respeito.

---

73. Utilizamos aqui a edição estabelecida por Armand Strubel da Editora Livre de poche, na coleção "Lettres gothiques", em 1992.

O romance é atípico, constituído por duas obras distintas costuradas uma à outra. A abertura geral, elegante e perfeitamente convencional, deve-se a um primeiro autor, Guillaume de Lorris, que escolhe contar como um poeta adormecido entra em um certo jardim e se apaixona em sonho por uma certa rosa, que é ameaçada por vários vícios, enquanto agradáveis virtudes permitem ao jovem amável se aproximar, sem má intenção, da famosa flor. Explorando com um entusiasmo ingênuo os melhores lugares-comuns de sua época, Lorris é ao mesmo tempo admirável e entediante para os leitores contemporâneos. Por razões desconhecidas, deixou seu poema inacabado.

É, então, um clérigo da Universidade de Paris que voltará a contar, com um vigor e um verdor já rabelasianos, a tomada movimentada e tão explícita quanto possível do castelo da Rosa. Excepcionalmente cultivado, muito curioso, provocante, ágil, devastador, Jean de Meung, sob o pretexto de seguir Lorris, derrota-o, no sentido mais combativo da palavra.

Mal a pena havia mudado de mão, se decide imediatamente abandonar Esperança, que havia feito falsas promessas. Razão, a Bela, aparece e zomba abertamente do poeta que teve a leviandade de homenagear o deus do Amor sem o conhecer verdadeiramente. Ela vai ensinar-lhe a verdade sobre o senhor que ele escolheu: "O amor é uma paz odiosa, um ódio amoroso, uma lealdade desleal, uma deslealdade leal, é o medo em toda segurança, é a esperança desesperada, é a razão plena da loucura, é a loucura razoável". A lista de contradições amargas enche duas páginas para chegar a essa conclusão muito séria: "Se queres te curar dessa doença, não podes beber melhor poção que o pensamento de fugir dela"[74].

Descartado o amor, a Rosa é finalmente levada não com a ajuda de Castidade, Franqueza e Bela-Acolhida, mas por novos protagonistas introduzidos pelo autor, guiados principalmente por Natureza. Recorrendo a essa forte deusa, ligada à conservação das espécies, o autor produz um argumento que considera definitivo para eliminar as hesitações dos guardiões da Rosa.

Natureza se queixa de que os humanos, entre todas as criaturas, são os únicos que se furtam aos seus comandos e se abstêm de procriar. Sob sua ordem, Gênio, seu sacerdote, rende-se ao exército do Amor para lançar a maldição que Natureza formulou contra aqueles que violam suas ordens. Ridiculamente vestido com uma casula, um anel e um turbante, atavio que faz Vênus gargalhar, Gênio pronunciará uma excomunhão misturando símbolos sexuais e misticismo: o sacerdote da Natureza condena longamente a virgindade; o inferno é prometido àqueles que não observarem os comandos de Natureza e de Amor. Trata-se de procriar para garantir a descendência de homens e mulheres, que são os únicos capazes de falar – se não o mundo será habitado por animais mudos.

A virgindade é condenada implicar que Deus teria um projeto diferente para uns e para outros, o que não pode ser: o desejo sexual é nosso denominador comum, no qual somos todos solidários. Deus pode retirar o desejo de um

---

74. *Le roman de la Rose.* Op. cit., p. 257s.

e não o de outro? É necessário, portanto, condenar aqueles que, "tendo recebido os meios de escrever, ou de forjar ou de trabalhar", não usam seu estilete, seus martelos ou seu arado. Ou que os usam mal – parece que havia aí uma alusão à homossexualidade; Jean de Meung os classifica na mesma categoria.

O discurso é muito longo. Finda com uma vigorosa exortação:

> Trabalhem, em nome de Deus, trabalhem, barões, trabalhem e restaurem suas linhagens! Arremanguem-se, [...] levantem, com suas duas mãos nuas, as lâminas de suas charruas, apoiem-nas fortemente em seus braços e se deem ao trabalho de empurrar o arado no sulco certo para que melhor se introduzam. E os cavalos que vão à frente, por Deus, não os deixem ser preguiçosos: esporeiem-nos rudemente e lhes golpeiem o mais forte que possam quando quiserem trabalhar mais profundamente[75]...

Finalmente, Gênio joga sua vela; Vênus, sua tocha, ouvimos uma prece para caçar Castidade. Vergonha e Medo fogem, as chamas iluminam o mundo inteiro. Bela-Acolhida permite ao amante colher a Rosa. Ele irá, então, "tocar o relicário" e deflorá-la com uma precisão indecente.

Em Lorris, os códigos cavalheirescos foram escrupulosamente respeitados. O sentido alegórico – ou seja, a relação entre significante e significado – permanecia sempre claro: ele se situava sobre um plano ao mesmo tempo moral e psicológico que, como tal, possuía uma coerência interna

---

75. Ibid., p. 1.023.

própria, coerência que ninguém parecia questionar. Assim, Ociosa introduzia o narrador no vergel, pois é necessário lazer para se apaixonar. A Rosa experienciou a vergonha ao se deixar abordar, porque a vergonha é necessária à proteção da Rosa etc.

É essa coerência que faz Jean de Meung explodir. Cético e cínico, ele não crê no amor, na fidelidade, na honestidade dos homens ou na honra das mulheres. A elas ele declara diretamente, com a franqueza que exige uma amizade sincera: "Todas são, serão e foram, de fato ou de vontade, putas"[76].

Essa conclusão não deveria assustar ninguém. Por que o comércio de corpos não seria admitido? A razão quer que aprendamos a tirar o melhor partido possível da oferta e da demanda, sabendo que, de todo modo, "a Natureza não é insensata a ponto de fazer nascer Marotte unicamente para Robichon – se refletirmos sobre isso –, nem Robichon para Marotte, para Agnès ou para Pierrette. Ao contrário, caros filhos, não duvidemos de que ela nos fez todas para todos e todos para todas, cada um comum a cada um"[77]...

O tom satírico, as digressões permanentes, os inúmeros argumentos tirados de um saber verdadeiramente enciclopédico, enfim, o humor cáustico, a obscenidade que recobre tudo, proíbem a menor condenação. Somente as severas reformas protestantes e católicas serão suficientemente poderosas para extinguir essa veia irônica, ágil, sábia, mas também acerba e picante que anima os espíritos em nosso país, que ouvimos ainda em Georges Brassens. O

---

76. Ibid., p. 496-497.
77. Ibid., p. 735-737.

casamento pode existir, caso isso conforte alguns. A monogamia não é menos antinatural e a continência dos clérigos, escandalosa: as coisas estão ditas.

Aplicação geral

Esse forte contraponto oferecido por *O romance da Rosa* aos princípios mais bem admitidos não basta para estabelecer uma sociedade alternativa. Para fazê-la surgir, seria necessário a reflexão das Luzes, os sobressaltos da Revolução, as mutações da primeira era industrial. Então, vemos aparecer uma nova categoria de pensadores, distintos dos antigos utopistas, escritores que dirigem a imaginação para a técnica, filósofos determinados a pensar as "práticas" e a aplicar sua sabedoria.

Eis aqui Charles Fourier que, a partir dos anos de 1820, compara-se a Newton. Como o inglês havia estabelecido definitivamente a ciência física sobre as matemáticas, ele pretende fundar a nova ciência social sobre a mesma base. Uma sociedade científica, logo chamada falanstério, não terá por princípio um *logos* transcendente, mas uma harmonia geral estabelecida graças a um conhecimento rigoroso, ou seja, codificado, de paixões e tipos humanos. Nosso autor pretende encontrar o meio de combinar esses para satisfazer todas aquelas.

Fourier, observador muito atento da natureza humana, estima que absolutamente todas as paixões são suscetíveis de atuar em favor da sociedade, contanto que sejam apropriadamente exploradas. Poetas, gastrônomos, esportistas ou numismatas, mas também fetichistas ou escatófilos verão, enfim, seus gostos particulares publicamente honrados. Ninguém mais será obrigado a viver sua paixão na vergonha e no segredo. Tudo servirá, mas ninguém jamais será alienado.

Após a Idade Média, ocorreram muitas tentativas de elaborar sociedades novas e livres. Até a Revolução Industrial, entravam sempre em uma perspectiva religiosa: eram as congregações monásticas, ou os catares, ou, por exemplo, os puritanos do Mayflower, esses protestantes que, para escapar da Babilônia europeia, partiam para fundar colônias ideais no Novo Mundo. Em meio aos grandes espaços americanos, quakers, shakers, rappitas, amish em breve constituíam comunidades mais ou menos equilibradas, muitas vezes prósperas, oferecendo aos primeiros socialistas europeus uma rica matéria para reflexão.

Em relação a esses precedentes, a visão de Fourier pode ser qualificada de revolucionária. Em medidas variáveis, as fundações anteriores se mostram severas em sua abordagem da sexualidade e das relações conjugais. O celibato, ou mesmo uma temperança rigorosa, aparecem como as melhores vias para a liberdade dos filhos de Deus. Nos beneditinos, como nos amish americanos, a liberdade é fundamentalmente espiritual, define-se pelo domínio da vontade pessoal, culmina em uma completa conjunção com a vontade divina.

O novo sistema, que não era ateu, pois Fourier acreditava em um tipo de Deus, mas estritamente materialista, não podia retomar a mesma concepção da liberdade, que, a partir daí, consiste em poder se dar prazer: "Deus quer nos guiar pelo prazer e não pelas privações. É sempre nas vias do luxo e das volúpias que devemos esperar descobrir as especulações mais profundas de Deus sobre a harmonia social"[78]. *Dar-se prazer* é certamente o melhor serviço que uma pessoa poderia prestar publicamente a uma sociedade materialista.

Infelizmente, a esse respeito, Fourier afirma que a pessoa sofre de uma dupla alienação na sociedade atual: alienação econômica, que lhe impõe tarefas rebarbativas e explora suas forças pelos mecanismos do comércio; alienação sexual, que a proíbe de satisfazer livremente suas inclinações.

A originalidade sensacional de Fourier consiste em ter pensado juntos esses dois tipos de alienação, segundo uma problemática muito nova para a época. Até então, liberdade ou tirania tinham sua fonte e sua solução na prática *política*. A partir de então, o que compõe da vida privada da pessoa se integra a uma reflexão global que não leva em conta somente um equilíbrio de poderes objetivos, mas também, sobretudo, trocas e transações.

É quase natural que o pensamento econômico integre aqui o tratamento das paixões: os humanos são compreendidos como um tipo de máquina operada pelas energias que é necessário canalizar, utilizar em um jogo mecânico de estimulações e satisfações. Jamais antes essa concepção materialista do corpo, concebida desde o século XVII, encontrou uma expressão e um uso tão precisos nem tão extensivos.

Eis, aqui, então, rapidamente esboçadas, as bases intelectuais do falanstério. Vejamos, agora, em que consiste

---

78. FOURIER, C. *Théorie des quatre mouvements et des destinées générales.* Apud WINOCK, M. *Les voix de la liberté*. Paris: du Seuil, 2001, p. 214.

esse novo tipo de comunidade. Ela deve reunir entre 1.600 a 1.800 pessoas dos dois sexos. Esses números, podemos imaginar, não são escolhidos ao acaso: devem permitir responder harmoniosamente às exigências das 810 paixões que Fourier definiu para cada sexo. Com efeito, trata-se de conseguir combinar a associação econômica e a liberdade amorosa, de realizar juntas, segundo suas palavras, a *associação atraente* e a *atração associada*. Isso será possível graças ao uso das "séries apaixonadas". Sem o conhecimento preciso e científico delas, a humanidade não podia penetrar nesse mundo de harmonia capaz de, ao mesmo tempo, empregar e libertar as paixões humanas.

Fourier se empenhou muito para elaborar essa classificação. Ele tem paixão pela taxonomia e, fiel a seus princípios, jamais tentou contrariá-la. Assim, a humanidade deve saber cientificamente que existe 64 tipos de cornos segundo uma primeira estimativa; 72, segundo uma observação definitiva.

Os planos do falanstério não são menos precisos. Em seu centro, duas bolsas para onde convergem perpetuamente a pequena população desse mundo harmonioso: uma bolsa do Trabalho, para repartir a oferta e a demanda; uma bolsa das Inclinações, que prefigura os aplicativos de encontros de nossas redes sociais. Graças à abertura desse mercado, as necessidades e os desejos deveriam naturalmente se combinar, ao ritmo que cada um deseja.

Com efeito, aquele que funda seu sistema sobre o princípio do prazer não ignora que "os prazeres, e, por razões mais fortes, os trabalhos, perdem seu encanto em duas horas; a natureza exige, portanto, sessões curtas, contra a opinião da moral que quer a monotonia e longas sessões de uma jornada em uma oficina, sem outra função durante o ano inteiro". Para criar o vínculo necessário entre todas essas atividades individuais, a nova cidade propõe refeições e festivais, bem como um teatro e um culto unitário. As crianças desfrutam uma pedagogia inédita, que as reúne em classes etárias autogeridas, e que já utiliza suas pequenas inclinações: seu gosto pelos objetos bizarros não as predispõe à coleta de detritos?

Reconhecemos que há dois séculos de distância, comparando-o às sociedades de consumo nas quais vivemos, o quadro proposto por Fourier é muito perturbador. Desde a aparição de suas obras, o autor reuniu ao seu redor um pequeno número de discípulos, fascinados pelo projeto econômico. Fourier não foi muito feliz com eles: entusiasmados com *O novo mundo industrial*, seus contemporâneos, mesmo os mais fervorosos, jamais quiseram levar em conta suas considerações sobre *O novo mundo amoroso*[79]. No final, ficaram na aldeia cooperativa de Owen, socialista mais sábio, sem suspeitarem da extraordinária extensão das realidades humanas que as transações poderiam um dia abranger. E não é o menor dos paradoxos no destino dessa obra o fato de essa fantástica apologia ao mercado, na qual a propriedade privada conserva um certo lugar, ter-se tornado uma das referências fundadoras do marxismo.

---

79. O primeiro aparece em 1829, o segundo em... 1967. Antes, apenas alguns fragmentos muito curtos foram publicados por *La phalange*, a revista dos fourieristas, pouco orgulhosos das visões muito fantasmáticas de seu fundador.

Revolução sexual?

O patriarcado ocidental quase sempre foi confrontado por um contestador corrente. De um século a outro, quaisquer que sejam as aplicações práticas que contemple, essa crítica corrente se distingue por pelo menos dois temas fundamentais, duas tendências pelas quais poderia também se definir o que se nomeia "revolução sexual".

De uma parte, entende-se que o casamento é uma convenção arbitrária, eventualmente oportuna, provavelmente opressiva. A sexualidade humana exige e espera outra economia geral pela qual os bens e os prazeres sejam melhor distribuídos. Eros só é temível porque é contrariado; sua emancipação nos devolverá, com o conhecimento, a razão. Perspectiva atraente. A lembrança do jardim primitivo assombra a humanidade, todas as audácias são bem-vindas.

De outra parte, talvez mais decisiva, a possibilidade do não casamento, a opção de um celibato não apenas escolhido, mas reconhecido e instituído pela própria sociedade é sempre estigmatizada ou, simplesmente, ignorada. Desse ponto de vista, a originalidade do Ocidente cristão merece ainda ser enfatizada.

Certamente, o celibato existira em outros tempos e lugares. Antes, em Roma ou na Grécia, tinha má reputação. O autor de *O romance da Rosa* e a totalidade dos reformadores depois dele deploram o fato de a religião cristã se distinguir por retirar do mundo, ou, se preferirmos, do campo sexual, uma vasta quantidade de homens e mulheres. Identificados em seu modo de vida e sua vestimenta, envolvidos nas mais variadas iniciativas, religiosos e religiosas pronunciam um voto público de abstinência. Por muito tempo a sociedade ocidental não somente tolerou – contra seus interesses "naturais" – como também honrou esse estado de vida.

Independentemente do que pensamos das escolhas ou da atividade dos clérigos ou das "boas irmãs", somente sua existência basta para modificar o *status* do casamento. Como existe uma alternativa séria a ele, o estado conjugal não é um destino, ou um fato natural, mas torna-se uma escolha. O casamento só pode ser realmente livre aí onde é possível adotar, diante de pessoas casadas, um *status* público, não menos honrável, de "não casado". Pode-se discutir interminavelmente sobre os inconvenientes desse *status*, mas a única coisa realmente importante é que esse *status* existe.

Utopias, fundações modernas, falanstérios variados pretendem anular esse corte fundamental: na época aberta pela revolução sexual, a sexualidade é ao mesmo tempo livre e, de um certo modo, imperativa. Não se espera qualquer outro mundo senão esse que a técnica e as *performances* da humanidade projetam.

Curiosamente, não se sabe ao certo se isso facilitou muito as coisas. De Aldous Huxley a Jean-Claude Guillebaud[80], encontramos mais de um autor que estima que o século XX iniciou um conformismo sexual tão rigoroso e severo quanto todos os precedentes possíveis, conformismo tão impiedoso que é imposto não mais por sacerdotes, vizinhos e humanos, mas por esse novo monstro sem nome

---

80. GUILLEBAUD, J.-C. *La tyrannie du plaisir*. Paris: Éd. du Seuil, 1998. *O melhor dos mundos* de Aldous Huxley poderia ter fornecido matéria para um capítulo do presente ensaio.

e sem personalidade moral, esse ente invisível e poderoso que jamais podemos acusar sem também nos acusarmos: a opinião pública.

Segundo Allan Bloom, observador prudente da revolução sexual em seu país, os Estados Unidos, o resultado geral seria que "ao nosso redor, nada encontramos, por assim dizer, que possa favorecer o grande desejo. Com certeza, uma pessoa pode ser "romântica" hoje, se quiser, mas é um pouco como cultivar sua virgindade em um bordel. Isso destoa da ambiência e não é respaldado"[81].

---

81. BLOOM, A. L'amour et l'amitié. Paris: Le Livre de poche, 1993, p. 28.

3

Fazer amor no século XX
segundo Alfred Hitchcock

Alfred Hitchcock contou apenas uma história, colocou apenas uma única questão, ao menos em seus melhores filmes. Essa questão é: como um homem e uma mulher podem se unir para fazer amor? Como o homem pode ter relações sexuais com uma mulher? Para falar como antigamente, como um homem pode "se casar"?

Se considerarmos seus maiores filmes, aqueles que lhe garantiram seus melhores sucessos populares e críticos, e que são certamente *Rebecca*, *Janela indiscreta*, *Um corpo que cai*, *Intriga internacional*, devemos constatar que todos tratam de narrar uma impotência viril. Sob esses diferentes aspectos, a dimensão sexual não é posta em causa.

É evidentemente em *Janela indiscreta* que o caso é mais claro, uma vez que James Stewart, engessado até a bacia, pretende fugir do casamento. Mas não pode haver dúvida, por exemplo, sobre o fato de que o famoso Senhor de Manderley não consegue satisfazer sua jovem esposa, nem sobre a incapacidade fundamental do herói trágico de *Um corpo que cai*.

O caso de *Intriga internacional* é, talvez, mais cômico, muitas vezes leve, mas o fato é que as balas trocadas entre Cary Grant e a encantadora Eve Kendal (Eva Marie Saint) são de festim. Ao menos, esse episódio termina agradando a todos: o último plano no qual vemos a locomotiva desaparecer no estreito túnel não é, talvez, o que mais honra a sutileza do grande cineasta, mas tem o mérito de tornar as coisas explícitas.

Face ao que parece uma obsessão, é tentador empregar a artilharia pesada da psicanálise popular e se lançar ao ataque da vida íntima de Sir Hitchcock, aparentemente tão rica em fantasmas e inibições sexuais. O cineasta obeso poderá ser um representante quase perfeito da neurose anglo--saxã, duplo produto da cultura sombria celta evocada mais atrás, e das obsessões e recusas do puritanismo britânico. Pouco importa que o artista seja católico – essas diferenças não pesam demais diante de uma evidência tão massiva.

Hitchcock tinha "dificuldades sexuais"? Isso, evidentemente, não tem qualquer importância. A única coisa que conta é que ele as enfrentou. Que essas dificuldades sejam reais ou supostas, alegadas ou verificadas, é perfeitamente indiferente: todo mundo, num momento ou outro, tem "dificuldades sexuais". O sexo é, por definição, o que é difícil – quando é fácil, é porque nos enganamos: tratava-se de outra coisa. O mérito de Hitchcock é provavelmente o de ter olhado o problema diretamente na face e finalmente não tê-lo resolvido. Existe uma categoria de problemas em que é preferível não ter razão, sob pena de morte: é certamente o caso do sexo. Hitchcock indica-o, emprega-o e o deixa intacto diante de nós.

262

Em vez de refinar a interpretação psicanalítica, mais vale se perguntar por que a sexualidade – o "comércio carnal" entre o homem e a mulher – se tornou tão complicado, tão vertiginoso no século XX, e como os vapores e palpitações que ela provocava ontem se transformaram em "suores frios". Fala-se pouco de impotência nos séculos precedentes. Homero não nos deixa qualquer dúvida sobre os jogos de Páris e de Helena, tampouco o autor de Tristão e Isolda. Também não imaginamos Rodrigo e Ximena hesitarem por muito tempo diante do leito conjugal.

Se há uma reticência diante do amor físico, é até então mais feminina do que masculina: essa seria talvez Sílvia diante do casamento. Mas sua reticência era mais filosófica do que física. A chama carnal nunca é difícil de acender e então, "salte, marquês!" – é a palavra final da peça. O abraço amoroso jamais foi, em si, *o* problema. Ninguém jamais se dedicou por muito tempo a compreender como se deveria dá-lo, e, a partir daí, parece, ninguém se esquivou. O que ocorreu, portanto, no século XX para que os homens falhassem?

Indivíduos perfeitos

Com algumas raras exceções, os protagonistas dos filmes de Hitchcock são adultos solteiros e ricos, representantes agradáveis da sociedade industrial. Se têm pais, é melhor evitá-los, pois são estúpidos ou desagradáveis, e mesmo ameaçadores. Nossos heróis não tiveram e não terão filhos: isso jamais é mencionado. Suas relações são sempre marcadas por um certo espírito urbano, de um tom ligeiramente irônico, indicando a distância que os separa de seus semelhantes e que essa distância é perfeitamente dominada.

É aqui que tentamos utilizar a distinção clássica entre pessoa e indivíduo: o indivíduo é a unidade de uma espécie comum; a pessoa é o ente humano considerado em sua dimensão relacional. O que distingue a pessoa é sua capacidade para entrar em relações; o que torna uma pessoa única é a rede de relações que se desenvolvem em torno dela, e somente dela.

Os personagens de Hitchcock não são pessoas, ou coisa que o valha. Em vez disso, são perfeitos indivíduos, espécimes exemplares de cidadãos ocidentais. Eles encarnam, manifestam-se, desfrutam espetacularmente a quintessência da autonomia ocidental. São mais que autônomos, são independentes.

Em seu estado original, antes que ocorra o drama, ninguém lhes exige o que quer que seja. Eles não respondem a nada. Movem-se como querem, veem tudo, agem sem se preocupar com o hoje nem com o amanhã. Mantêm-se numa esplêndida solidão, feita de vestimentas luxuosas, carros rápidos, apartamentos bem projetados. *"Think thin"* (pense magro), e que sua mãe não o questione se tomar algumas doses no *Oak Bar* antes de encontrá-la no teatro: eis as ordens que dita Cary Grant à sua secretária no táxi que o leva pela Quinta Avenida, eis aí a extensão do dever moral, a envergadura dos cidadãos nova-iorquinos.

Esse ponto não é um mero detalhe. É a razão perfeitamente convincente de uns ou de outros para recusar o casamento. Os indivíduos modernos simplesmente se recusam a ter "alguém em seu pé" – uma vez que é assim que são considerados o vínculo conjugal e a procriação.

Podemos deduzir disso que existe nessa cultura ocidental um costume consciente, que joga contra a união dos entes no casamento.

Se saímos da atmosfera cinematográfica, essa resolução se exprime com mais ou menos acrimônia ou veemência conforme a sensibilidade política, a mídia empregada, o público visado, mas, de Friedrich Engels a André Gide, de Simone de Beauvoir a Georges Brassens – a lista seria longa – todos estão mais ou menos de acordo. O século XX no que tem de mais inteligente e mais determinado se afasta de toda felicidade conjugal, quando não a denuncia.

Porém, as facilidades da vida moderna não bastam para explicar o descrédito do casamento. Quando Marge, a amiga de Scottie, o homem ferido de *Um corpo que cai*, rompe seu noivado – esse ponto nos é lembrado no começo do filme –, suspeitamos de outra coisa além de seu gosto pela independência. E o espetáculo do homem que ela tem diante de si nos informa amplamente: esse Scottie é um indeciso, um homem que não sabe o que quer. Com as mulheres, ele pode ser certamente um bom companheiro, não um esposo. Ele não sabe sequer reconhecer um sutiã. O sutiã não lhe interessa.

Entes incertos

Scottie, como nossos brilhantes solteiros, não pertence a qualquer círculo, a associação alguma – cursou a universidade, mas isso foi há muito tempo e as relações não foram mantidas. Somente às vezes esses heróis têm uma pátria, e os únicos filmes nos quais o patriotismo é evocado são também os únicos, curiosamente, nos quais o tema sexual do filme é claramente satisfatório: *Interlúdio*, *Intriga internacional*. Além disso, esses homens jamais foram "iniciados". Isso é mais grave do que ser virgem. Em todo caso, talvez seja por isso que se permaneça assim.

O que queremos dizer com isso? Ser iniciado significa ser considerado apto por um grupo, ter feito suas provas, ser confirmado, simbolicamente integrado em vista de uma obra coletiva. É, por exemplo, o que vai acontecer a Cary Grant em *Intriga internacional*. No meio do filme, o FBI lhe propõe renunciar a buscar sozinho e de maneira muito ridícula Miss Kendal, para se colocar como ela ao serviço dos Estados Unidos e se sacrificar com ela. A partir desse momento e após alguns deslizes espetaculares, os apaixonados terminarão por encontrar um solo firme sob seus pés.

A iniciação, por alguns ritos precisos, manifesta a existência de uma sociedade e qualifica a pessoa no seio dela. Naturalmente, é uma operação muito determinante: eis aí rigorosamente marcados os deveres dos indivíduos face ao grupo, e sua dependência. O agente secreto Cary Grant não se pertence mais, e, aliás, ele protesta: muito heteronímico, tudo isso – o rapagão não tem o hábito de obedecer.

No entanto, as referências simbólicas que a iniciação proporciona, os benefícios psicológicos da integração não são desprezíveis. Ser iniciado liberta, em boa parte, da angústia e da culpabilidade diante da temível tarefa existencial de ser si-mesmo, de agir eventualmente para o bem de outro – a iniciativa mais arriscada de nossa vida social.

O progresso do individualismo nos obriga, com efeito, a considerar os perigos muito reais do amor e do altruísmo. Em uma relação rigorosamente dual – a do casal moderno do século XX –, ninguém jamais pode discernir completamente os verdadeiros motivos que cada um tem para agir como age. Por trás da fachada de respeitabilidade, e mesmo de ternura que supõe a vida de casal, é sempre possível suspeitar de uma motivação de fundo, uma manobra mais ou menos furtiva, destinada a estabelecer ou reforçar uma relação de força. O amor sexual é certamente o pior terreno para isso, que faz concorrerem os desejos mais nobres e os apetites menos confessáveis.

É precisamente essa ambiguidade que coloca em cena o duo de Cary Grant e Ingrid Bergman em *Interlúdio*: um ignora a verdade das intenções do outro. Ela é apenas uma garota perdida que pode se prostituir sem pudor? Ele não passa de um manipulador insensível? Muito felizmente, o melodrama hitchcockiano permite aos protagonistas arriscarem rapidamente sua vida pelo outro, a fim de demonstrarem em menos de cento e vinte minutos a indiscutível realidade de seu amor.

Essas peripécias são menos simples de produzir fora do cenário de filmagens – na vida verdadeira. Mas é significativo constatar que, em Hitchcock ainda, essa paixão dos heróis é consagrada e resgatada por um bem superior, uma causa mais elevada que seus destinos individuais: o serviço à pátria. Esses dois, em *Interlúdio*, eram iniciados. A bandeira do país justifica a abnegação, o sacrifício pessoal – no fim, um se dará ao outro sem muita reticência ou motivação de fundo. A doação não é mais para nós dois, nem mesmo somente para o outro, é para os Estados Unidos, para a salvação do mundo.

Não afirmaremos que os ritos de iniciação bastam para garantir a virtude das pessoas e a felicidade das sociedades. Contudo, oferecem a cada um uma recordação comum, objetiva, para a qual é possível retornar nas horas difíceis, com gravidade ou reconhecimento. Sua qualidade simbólica autoriza as renúncias: ao longo de uma vida inteira, é permitido discernir nessa ou naquela escolha pessoal a fidelidade – ou a recusa – à proposição geral contida no rito.

É assim que, sob formas infinitamente variadas, os esposos não cessam de repetir a cerimônia de seu casamento, escolhendo-se, dando-se um ao outro nas inumeráveis ocorrências da vida familiar. O amor pode, assim, recomeçar todos os dias, o casamento é sempre atual, sua memória se enriquece com cada uma de suas peripécias. Os ritos simbólicos inauguram uma história e permitem viver na história.

Os heróis do universo hitchcockiano não são, certamente, livres dos pesos dessas cerimônias arcaicas. Reflitamos, por exemplo, sobre esse pequeno casamento delicioso que abre a tragédia de *Rebecca* no sul da França: casamento improvisado, sem adorno, sem testemunhas, sem nada de grave nem de pesado, e provavelmente casual. Pois esses personagens aparecem também como entes doentes, envenenados por seu passado, assombrados como são por gestos e figuras cuja chave lhes escapa. Nada é proibido em sua sociedade liberal – somente tabus poderosos que não sabemos como podem surgir: vestidos malditos (*Rebecca*), joia fatal (*Um corpo que cai*), traços maléficos ao acaso em móveis ou gestos do cotidiano (*Quando fala o coração*). Sua memória, celebrada verdadeiramente apenas nos aniversários de sua existência, marcando, assim, as etapas de sua morte, é exclusivamente subjetiva. É extremamente difícil reuni-las, repetir o passado – esse, muitas vezes, é o problema real do filme.

Não nos desviamos da nossa questão inicial? Perguntamos o que tornava os heróis hitchcockianos impotentes – incapazes de fazer amor. Dissemos que o casamento e as relações simbólicas em geral se perdem.

Mas após tudo, a experiência do casamento não é, contudo, a chave da libido, e não vemos muito o que as relações sexuais teriam a lamentar onde predomina a união livre de adultos que consentem. Ao contrário, supomos espontaneamente que essa benevolência, essa disponibilidade geral, conduziriam a uma florescência melhor. Em suma: *a priori*, o casamento e a impotência são duas questões perfeitamente distintas.

Contudo, o ambiente social capaz de tornar caduca a união conjugal, essa pedra de fundação de *todas* as sociedades anteriores, não poderia ser completamente neutro sobre a sexualidade. O mundo no qual a promessa do casamento nos permite ouvir uma nota completamente discordante é um mundo singular, o da Revolução Industrial. Ele merece uma descrição alternativa.

O dispositivo industrial

Se os heróis de Hitchcock parecem felizmente emancipados dos ritos e das formas em uso nas sociedades tradicionais; seu percurso é determinado, por outro lado, por vastas organizações, ao mesmo tempo poderosas e ocultas. Agindo em nome do bem ou em vista do crime, são firmas sem cara, sistemas gigantescos capazes de planificar a ação na escala dos Estados Unidos da América, e mesmo do mundo inteiro. No país da revolução industrial, os indivíduos parecem, assim, sempre integrados a essas maquinações que deveriam promover sua autonomia.

O trem ilustra perfeitamente o prestígio e as ambições desses novos dispositivos. Essas máquinas espetaculares liberam e encerram ao mesmo tempo, oferecendo aos mortais o dom da ubiquidade, impondo seus trajetos e seus horários com uma exatidão implacável: seu curso é tão certo quanto a fatalidade. Eles fornecem a Hitchcock um de seus cenários preferidos, ao mesmo tempo refinado e confinado. O termo "cenário" é fraco aqui: seria mais justo dizer que o trem se tornou a estrutura da existência humana, como a guerra podia sê-lo nas narrativas homéricas, ou a natureza selvagem da Cornualha em Tristão e Isolda. O trem é um desses "meios" nos quais se produzem a ação e o pensamento, a forma no seio da qual deve surgir o destino da humanidade.

É evidente que uma forma assim determina muito claramente a gama de destinos possíveis. A vida se assemelhará a uma corrida intoxicante, as relações humanas serão fortuitas, anônimas, eventualmente intensas, logicamente efêmeras. Esses dispositivos globais, trens ou outros, são concebidos por engenheiros e urbanistas que desenham redes (rotas, estradas de ferro, mídias diversas) em que os percursos e as interações das pessoas são minuciosamente previstos. As máquinas modernas oferecem a esses sistemas um poder sem igual, mundial. É assim que se eleva na história o reino imponente da tecnocracia, controle absoluto do território, da esfera planetária inteira.

Arrisquemos a hipótese, ainda com Alfred Hitchcock, de que essa administração tecnocrática que pretende colocar o mundo ao alcance das pessoas não é neutra no plano espiritual, de que seu triunfo seja desfrutado em detrimento de outras experiências da vida social.

Há um filme do mestre que descreve em uma cena esplêndida a maneira pela qual a arte se produz no século XX. Devemos fazer aqui alguns lembretes concernentes a *O homem que sabia demais*. Seu cenário abala a série que propomos acima. Conta a história de uma família; a sexualidade não está, dessa vez, no núcleo da proposta – o problema do filme não é a feminidade ou a sexualidade, mas a infância. A cena decisiva se produz em um concerto particularmente solene no Royal Albert Hall, em Londres, durante o qual um embaixador será assassinado.

Os terroristas calcularam minuciosamente seu golpe: estudando a partitura da obra, identificaram o instante no qual uma longa percussão de bumbo, no auge da peça, infalivelmente cobriria o tiro de um atirador de elite. A excelência colapsaria em sua poltrona sem que seus vizinhos se apercebessem disso. O assassino teria tempo de se retirar sem mais ruído. Crime perfeito coberto pelo ruído do mundo.

Embora geralmente concebamos a arte como o contrário da indústria, é necessário convir que esse concerto apresenta exatamente as características de uma organização industrial. De um lado ou de outro da cena, a multidão é conduzida e os lugares são distribuídos conforme uma ordem preestabelecida – o embaixador ocupará o lugar de honra, suportes para partitura seguem a distribuição precisa de uma orquestra sinfônica moderna. A *performance* será única, mas já está escrita, codificada, e dispomos do código.

Uma imagem fascinante é aquela onde, preparando seu crime, vemos os malfeitores reunidos em torno de um toca-discos: o pequeno aparelho, com seu braço articulado seguindo o sulco do vinil, revela, com uma impecável precisão, o momento fatídico. Pode-se levantar o braço, retornar a um certo ponto, enquanto o prato continua a girar, e repetir o trecho, as medidas decisivas, tantas vezes quanto necessário.

Mais tarde, fora do sarau no Albert Hall, os amadores experientes reconhecerão com satisfação as variações ínfimas que formam o valor de uma interpretação musical. Mas o fato é que a orquestra e o concerto não passam de uma máquina maior que funciona com a mesma regularidade terrível que o toca-discos.

Ao que tende essa máquina? A cativar o auditório. A criar um universo de uma tal perfeição que a concentração de cada um seja absoluta – separada de qualquer outra realidade. Mesmo sem a música, o espetáculo dessa concentração humana é impressionante. Todos, juntos, esperam alguma coisa e sabem o que esperar, uma vez que a partitura é conhecida: é a definição do suspense, nossa modalidade preferida entre todas as experiências do tempo. Assistir à realização do futuro conforme um plano determinado, eis aí certamente a ideia mais comum e mais apreciada do prazer no século XX. A máquina determina o futuro, dirige nossa atenção a um ponto iminente, à exclusão de qualquer outra visão e de qualquer outra memória – nós nos preparamos incessantemente para uma próxima ação, prevista, sempre mais ou menos espantosa, pois, na sociedade industrial, tudo nos ultrapassa. Como não sermos capturados pelos duzentos coristas e cinquenta músicos tocando diante de nós, todos juntos, um único e mesmo texto?

Humanos olham e escutam outros humanos em operação. Caçaram o acaso, ordenaram seus sons, o tempo, o espaço. São unidos, são completos, são belos. As imagens de Hitchcock são inesquecíveis. A humanidade celebra sua arte, a arte celebra a humanidade. É uma humanidade industrial, produzindo, conforme procedimentos padronizados, sistemas complexos, as formas de sua vida comum. Essas formas se tornam o tema principal da vida de cada um.

Infelizmente, Hitchcock nos lembra, outra partitura é preparada por outros. A configuração, sempre limitada, do dispositivo não permite integrar outras disposições concorrentes, menos amáveis – nenhum dispositivo humano poderia ser completamente universal. Precisamente, aqui, por trás da pesada cortina vermelha, o agente de uma organização terrorista prepara sua arma.

Na sala, uma única mulher conhece o outro plano, o da maquinação criminal. Ela vê o cano surgir enquanto ouvimos as notas fatais se aproximarem. Ela sabe que se revelar o crime, seu bebê mantido órfão será morto. Contudo, diante da pistola lentamente apontada para a vítima, ela não pode se privar de gritar. O tiro é disparado cedo demais, a máquina emperra, o assassino cai e se mata. Os outros nada viram, absorvidos como estavam pelo ruído do mundo, a luz irresistível da cena ofertada a eles. Prolonguemos ainda um momento essa luz tão especial, que forma, no fim, a matéria da sétima arte.

O mundo fotogênico

Entendemos fotogenia em um primeiro sentido comum: quem fotografa bem, quem fica bem na reprodução fotográfica. Que Hitchcock se sobressai no uso de câmeras, na encenação e na coreografia, em suma, na construção de um universo admirável no primeiro sentido dessa palavra, é inútil demonstrar aqui. Os filmes de Hitchcock são uma maravilhosa delícia visual. Submersos por seu talento em uma sinfonia de formas e de gestos impecavelmente compostos, somos maravilhados pelo que produz diante de nós. Aderimos com todo nosso ser a essa estética sem falha, reflexo sublimado de nossa existência: todos conhecem isso. Sobre a tela cinematográfica, a aparência ganhou uma intensidade tão eloquente que pode se tornar um projeto de vida.

Esse é o ambiente produzido pela sociedade industrial, pela ciência e pelo poder dos dispositivos que ela põe em funcionamento. Trata-se de um mundo que podemos qualificar de luminoso, porque os entes são atraídos pela luz e porque somos, nós também, irresistivelmente atraídos pela massa e inteligência desses sistemas que organizam nossas vidas. As máquinas exigem discretamente, mas incessante e imperativamente, nossa atenção e nossa presença. O trem, o avião, o telefone, as especulações diversas, as inumeráveis partículas que sulcam e se correspondem através do espaço, dirigidas pelos planos e pensamentos superiores de nossas organizações, eis aí o que nos interessa, até a vertigem.

Propomos dizer, aqui, que a civilização industrial é fotogênica no sentido etimológico do termo: ela emite uma luz própria, artificial, que envolve e condiciona tão bem nossa existência que em breve não poderemos aparecer senão nesse tipo de luz, que conheceremos mais do que o que se mostra.

Devemos dizer que se trata aí de um mundo de aparências? Isso não é certo. A ideia da aparência se opõe ao que não é aparente, a uma realidade interna, ou superior, de uma ordem diferente da aparência. Ora, nada há além do mundo fotogênico. Ele está inteiramente em sua manifestação. Não existe por trás dele qualquer pano de fundo divino, nem Olimpo, nem qualquer paraíso, nem vontade última, nem significação através das formas produzidas. A locomotiva é inteiramente locomotiva, sua aparência reúne inteiramente as leis de seu movimento e as funções de seu uso. Nós a amamos, aliás, também por essa robusta franqueza. Ela, ao menos, é o que é, sem desvio.

Não podemos dizer, portanto, que o mundo fotogênico seja simplesmente um mundo de aparências. É um império em marcha que se estende e se reforça, e que produz, assim, sua irradiação, ignorando e desqualificando qualquer outro ponto de significação e de luz. A experiência que propõe é impressionante, ela se pretende completa e, portanto, no fundo, única.

O cinema é, de uma certa maneira, o dispositivo último da sociedade industrial, uma máquina própria a nos integrar nesse mundo radiante, fazendo-nos crer e aderir com todas as nossas emoções à inteligência e à bondade dessa ordem.

Contudo, há lugar para duvidar de que esse sistema fotogênico esteja em condições de assumir a plenitude da existência humana, que sua luz seja a luz verdadeiramente adequada para nossas vidas carnais. Como no Albert Hall, em *O homem que sabia demais*, é possível pensar que a irradiação do dispositivo oculte um plano talvez mais discreto, mas não menos decisivo, da realidade.

Hitchcock, filme após filme, dedica-se a nos trazer de volta para ela. Filme após filme, o mestre nos indica que a organização geral, a sistematização da humanidade conforme as técnicas industriais, envolve uma ameaça e uma perda. A vítima é sempre uma mulher.

A mulher desaparece

O resultado da iniciativa industrial é sempre, em Hitchcock, o desaparecimento da mulher. O tema é tão constante que deu seu título a um dos seus filmes: quanto mais a mulher é magnificada pela arte, mas é ameaçada, sempre assassinada ou a ponto de o ser. Resta saber o que significa "mulher" nessa proposição geral.

É, certamente, em *Um corpo que cai* que o desastre produzido pelo império das representações, ou por esse "mundo fotogênico", como escolhemos nomeá-lo, aparece em seu poder mais assustador. A história é complexa.

Nesse filme, Scottie – James Stewart –, um antigo comissário de polícia, é o objeto de uma notável maquinação. Um esposo prepara a morte de sua esposa Madeleine. Ele produz uma sósia dela a fim de enganar Scottie: esse será a testemunha de um crime cuja vítima não poderá identificar. Duas mulheres, uma morta, um homem enganado: eis aí o esquema geral. Uma vez cometido o crime, Judy, a sósia da esposa, deveria igualmente desaparecer do horizonte do Comissário Scottie. Porém, algum tempo mais tarde, ele a reencontra, essa criatura que lhe mentiu e que o seduziu realmente. Ele então não descansará enquanto não revelar a correspondência entre sua lembrança ardente e a pequena pessoa que atualmente tem sob seus olhos.

Ao longo de todo o filme, vemos Scottie fascinado pela mulher, inicialmente silhueta artificial, inteiramente fabricada em vista do crime a ser cometido. É pouco dizer que ele morde a isca: intrigado, angustiado, ele se consome e corre para conhecer a misteriosa esposa e sua história – e nós com ele, pois o homem é patético e a esposa é muito bela. Ela o leva, finalmente, ao lugar do crime, a torre de um monastério espanhol ao topo da qual, tomado de vertigem, o homem não pode subir, e de onde Madeleine, a verdadeira vítima, será jogada. Scottie não pôde ver a substituição: ele crê inicialmente em suicídio, ele confirmará a versão do criminoso.

Propomos considerar *Um corpo que cai* uma metáfora do cinema, e digamos que a manobra do criminoso é, no fundo, o que o cinema fez à mulher – segundo Alfred Hitchcock, certamente: ele a disfarça, coloca-a em cena diante de um homem ferido, para fazer dele o testemunho necessário e a caução de um crime oculto. Ambos são cúmplices involuntários, mais ou menos ignorantes dos verdadeiros fins, mas que, de algum modo, terminam fazendo o jogo.

Se nossa proposição é exata, tratar-se-á, portanto, de saber o que o espetáculo cinematográfico oculta, qual é a dimensão apagada por seu efeito de profundidade luminosa, ou, em termos mais romanescos, qual é o ato fatal, o crime, talvez, do qual somos distraídos.

Para responder a isso, comecemos por nos perguntar qual é a direção tomada pelos protagonistas de Hitchcock em *Um corpo que cai*? A mulher exibida diante de nosso herói se mostra obcecada por uma ancestral desafortunada, de quem seria a reencarnação e com quem tenta se encontrar, visitando túmulos, vagando em meio aos lugares assombrados pela infelicidade – ela se prepara, assim, para as necessidades do crime, o anúncio de seu suicídio. Essa passagem parece penosamente *kitsch*: a falsa esposa quer que nos interessemos por uma falsa morte, totem um pouco assustador, que corresponde, de modo quase exagerado, à ideia que podemos ter de uma morte trágica na Califórnia de tempos passados. É o cenário medíocre do assassino. A verdadeira morte, a ameaça autêntica não se parece com o que nos mostra, e na hora do perigo Scottie será incapaz de enfrentá-lo.

Escolhendo seguir nossa metáfora e compreender a experiência cinematográfica a partir do esquema de *Um corpo que cai*, eis-nos aí levados a pensar que o cinema é um simulacro, que, entretendo, dissimula a experiência autêntica da morte, tornando-a para nós ao mesmo tempo muito habitual e muito insignificante. Somos levados pelos túmulos em companhia de pessoas suicidas, e não nos apercebemos, por um instante, dos criminosos que puxam os cordéis. No momento crucial, não identificamos sequer as vítimas. Poderíamos dizer o mesmo sobre o desejo carnal: o sexo na tela é onipresente. Tem muito pouco a ver, ou, talvez, nada a ver, com uma sexualidade real.

Essa ocultação famosa é amplamente confirmada por estudos mais aprofundados do cinema americano. Anne Mari Bidaud, em uma obra muito documentada[82], evoca um "apagamento do biológico" nas produções hollywoodianas dos anos de 1930 a 1960.

Em Hollywood, ela comenta, não se efetua qualquer operação fisiológica: não há toaletes, não se transpira, não se assoa o nariz, e todos são cuidadosamente depilados. Barbas e bigodes, detalhes fisiológicos que evocam o animal no homem, são estritamente reservados aos estrangeiros, aos sedutores, aos maus. Simples questão de costume?

Mas o fato é que também não se dê à luz na tela. Aliás, as mulheres nunca estão grávidas, o corpo deformado pela gravidez não é fotogênico. Não se envelhece, não se sofre, ou jamais por muito tempo. Tarzan, o menino que caiu do céu e foi criado na natureza, é o verdadeiro filho de Hollywood. Como todos os heróis, será sempre jovem – no ano de 1935, 84% das heroínas de Hollywood tinham entre 19 e 26 anos; 69% dos homens tinham entre 27 e 35 anos. Os

---

82. BIDAUD, A.-M. *Hollywood et le rêve américain. Cinéma et idéologie aux États-Unis*. Paris: Armand Colin, 2012.

mais idosos são sempre personagens negativos, e jamais encontramos "maus" com menos de 27 anos. Em suma, a experiência cinematográfica nos submerge no banho de uma "mitologia euforizante", "mitologia da repressão do fracasso; da decadência, da morte".

Nesse contexto, a mulher se torna o objeto cinematográfico por excelência. Sua beleza se impõe imediatamente, sem explicação, sem rodeios. Seu físico gracioso, frágil e forte leva o dispositivo fotogênico a um ponto de perfeição ideal. Hitchcock sabia bem disso; sabia melhor que ninguém, ao preço de exigências por vezes insuportáveis, "sublimar" suas atrizes.

O desaparecimento da mulher nos filmes do mestre, a começar por *Um corpo que cai*, assumia, portanto, um sentido profundo: o cinema – ou, mais exatamente, o dispositivo industrial – ameaçava o que garante profundamente, essencialmente, a feminidade da mulher; e, a partir disso, necessariamente, a virilidade humana. Há um imenso paradoxo que podemos formular facilmente, mas cujo alcance não é tão simples de admitir. Como o Scottie de *Um corpo que cai*, não vamos nos desviar voluntariamente do espetáculo euforizante, relutamos em admitir um perigo inevitável em sua luz tão bem regulada, não levamos a sério a eventualidade do crime.

É verdade que aparentemente nada há de fatal no cinema. Sobretudo, nada há de fatal nas mulheres, as "estrelas" calibradas para produzir essa fatalidade: o cinema jamais mostra senão um simulacro, e sempre existe, em algum lugar, um duplo que pode substituir a cintilante silhueta pela qual nos apaixonamos agora. É exatamente o que conta *Um corpo que cai*. A dedicação de Hitchcock em fazer as mulheres desaparecerem na tela nos faz compreender que esse universo fantasmático eclipsa uma certa humanidade carnal que transpira e que sangra, uma feminidade capaz de, por deformação e não sem gemidos, portar a vida, parir.

Certamente evitaremos estender a toda a sétima arte o que dizemos aqui sobre Hollywood e sobre a obra de Hitchcock. Mas, no que concerne a esses, começamos a supor que a impotência dos heróis hitchcockianos não lhes é pessoalmente imputável. Com certeza, têm suas falhas e fraquezas, mas sua incapacidade de se casar, de se apoderar da mulher, reside mais no que Hollywood fez da mulher do que aos homens. A impotência viril resulta do ambiente industrial e de sistemas estabelecidos pelo século XX fotogênico.

Retorno à luz

O grande mérito das feministas da segunda metade do século XX é terem denunciado esse tratamento industrial da feminidade, de revelarem a alienação que condicionava a "mulher fatal" de nossas telas. Será necessário somente nos perguntarmos se as vias libertárias em nome das quais esses combates foram guiados permitem escapar inteiramente das manobras astutas dos deuses antigos, Eros e Tanatos.

Que teria pensado disso Hitchcock? Retornemos ainda para esse país de fartura que são os Estados Unidos da Revolução Industrial: podemos conservar uma esperança de escapar de seu universo suntuoso e estéril? Resta ao homem e à mulher uma chance de encontrar um lar e uma vida comum tradicional? Vários filmes do mestre terminam positivamente, como dissemos, quando o homem e a mulher encontram juntos uma causa comum à qual se dedicar. Entre eles, a união autêntica repousa no que os precede e no que os ultrapassa – eles encontram o que talvez chamaríamos uma forma de heteronomia.

Mas nem sempre é assim. Na investigação mais rigorosa conduzida por Hitchcock, a de *Um corpo que cai*, a última imagem mostra Scottie ofegante no topo da torre fatal, definitivamente só. A infeliz Judy seguiu o destino da primeira vítima, Madeleine, para cair e morrer exatamente como ela sobre o teto do convento. Podemos imaginar que, com seu fantasma dissipado, com sua vertigem superada, Scottie voltará para sempre para Marge, sua primeira namorada. Mas nada indica isso com certeza, e, em vez disso, somos inclinados a concluir sobre um desastre geral, uma destruição total e a impotência definitiva do homem.

Para atingir esse ponto, foram necessários uma tenacidade, um desespero, e também uma violência que *Um corpo que cai* indica com uma força surpreendente. O auge do filme, que é um auge de cinema tanto em razão dos efeitos de imagens (o longo plano contornando uma reminiscência irresistível) como da música extraordinariamente pungente, é atingido quando Judy termina por vestir seu antigo disfarce conforme os desejos de Scottie, quando ela aparece vestida por ele, com cabelos tingidos, com unhas feitas, metamorfoseada por ele em outra mulher, Madeleine, aquela que pereceu, vítima da maquinação.

O frêmito do qual somos tomados diante dessa cena não deixa qualquer dúvida sobre o ato que o homem e a mulher estão em vias de realizar diante de nós. Laboriosamente, sofrivelmente, cerimoniosamente, o homem desvela a verdade que a mulher pretendia ocultar, a mulher subjuga a vontade que o homem pretendia controlar. A mulher faz o que o homem lhe diz para fazer. Quanto mais ela obedece, submetendo-se ao fantasma, mais o cativa. Nessa agitação trágica se produz a revelação de sua história. Seria necessário poder parar, mas esse poder preciso parece perdido. Somos afligidos ao mesmo tempo pela restrição viril que se impõe e pela complacência feminina que essa força encontra: a partir desse duo fatídico vemos se elevar uma luz sem igual. Essa poderia ser a quintessência do erotismo; é a verdade do crime.

O que é essa verdade que os dois heróis fazem aparecer em sua luta voluptuosa e desesperada? A verdade é que a mulher mentiu, que ela se deixou comprar para seduzir um homem, que ela é, portanto, cúmplice de um crime. A verdade é também que o homem, encorajado, a despeito de seu acidente, a ser sempre considerado um policial de grande valor, foi enganado, trapaceado por uma debutante, e que finalmente o comissário ofereceu a caução de seu testemunho a esse mesmo crime.

A pobre verdade que juntos descobrem Scottie e Judy seria que esse pequeno ente ambicioso que é a criatura humana é, na realidade, isolado, fraco e frágil, pouco apto a opor qualquer resistência às maquinações para as quais homens poderosos os atraem. Isso também vale tanto para

Judy como para Scottie, partículas elementares da sociedade anônima, manipulados por mentes fortes contra as quais jamais tomaram o cuidado de se premunir. Sabemos, em suma, uma vez dissipadas as aparências, que os entes sós são vãos e que os entes são, muitas vezes, sós. A investigação está encerrada.

Essa investigação longa e tenaz de Scottie, essa tímida esperança de Judy, a despeito de tudo, salvaram uma migalha de sabedoria, um ponto, ainda que minúsculo, sobre o qual se apoiar. O encontro dos sexos, a confrontação do homem e da mulher permanecem um lugar de verdade autêntica neles e no mundo. No exercício da sexualidade, um ensinamento é comunicado a quem se mostrar atento, uma vez que nossos heróis aprendem quem são e quais são seus desejos. Encontramos a lição extraída de nossa leitura de Sófocles: na vida de família, mais ainda na vida de casal, apresentam-se a nós as ocasiões de um certo conhecimento do bem e do mal, ocasiões provavelmente exclusivas: não as encontraremos em outros lugares. Esse mistério é grande[83].

O amor é uma investigação, a única investigação vantajosa deve ser amorosa. A pobre Judy sabe que, no fundo, teria amado amar e ser amada. Ela morre, não por ter sido desvelada, mas por se deixar ir, em seu temor e esperança, a uma última mentira, fingindo que não sabia o que fazia, que ela e ele teriam podido se amar apesar disso, que, no fundo, para eles, "isso não era tão grave". Enquanto isso,

---

83. Para retomar a célebre expressão de São Paulo em sua Carta aos Efésios (5,32). O mistério em questão, sob a pena do Apóstolo, concerne à união do homem e da mulher que "não formam senão uma única carne".

o simulacro em questão, simulacro do desejo e da morte destinada a cobrir um crime autêntico, era, aos olhos de Scottie, a coisa mais grave que ela poderia cometer... Eles não estão de acordo.

O que poderiam fazer, ambos, para salvar sua história? Uma coisa é certa: a sociedade, ou melhor o mundo, em que se desenvolveram não lhes oferece qualquer recurso para isso. O sistema industrial não dispõe de qualquer via de escape onde se pudesse buscar, momentaneamente talvez, outras verdades mais elevadas, mais gerais, menos comprometedoras, onde se pudesse aguardar, esperar por outras revelações, preparar outros dons mais modestos a fim de não se deixar consumir diretamente no fogo mais perigoso. A sociedade industrial não é configurada em vista do dom.

Hitchcock é um mestre insuperável porque, em meio à sétima arte, dá-nos a sétima arte para pensarmos, e, com ela, a condição humana na época das luzes artificiais. Explorando com uma espantosa virtuosidade todos os procedimentos permitidos pelo cinema, seus melhores filmes nos conduzem incessantemente para a dimensão invisível de nossa existência: a vertigem, a morte, mas também, por vezes, ao dom autêntico de si no ato da desaparição.

Essas heroínas mais esplêndidas, em um momento ou em outro, com efeito, consentem em seu próprio apagamento: assim, elas salvam, com os heróis, sua relação amorosa. Ingrid Bergman na casa de Sebastian em *Interlúdio*, Grace Kelly no apartamento do assassino de *Janela indis-*

creta, e até a estranha figura da governanta que desaparece nas chamas do castelo assombrado de *Rebecca*.

Compreendemos, portanto, que a mulher é uma prova para o homem, mas que essa prova não pode ser objeto de cinema, nem mesmo de fotografia. Essa prova, que é recíproca e concerne ao homem tanto quanto à mulher, chama-se fidelidade. Ela não pode ser realmente mostrada, pois supõe contrariar as aparências do mundo sensível, superar as separações, inclusive permanecer nas trevas e no silêncio. Essa fidelidade, condição de uma fecundidade real, é uma modalidade do tempo: é nisso que ela escapa à visão, ao menos a dos olhos da carne. Somente essa fidelidade torna possível o exercício autêntico do que chamamos sexualidade.

Para que a sexualidade possa se produzir, para que o homem seja homem, para que a mulher seja mulher, é necessário no cinema de Hitchcock que a virilidade sombria e impessoal possa num momento preponderar sobre a fenomenalidade encantadora, assumir para essa o risco aterrorizante das trevas. Então, a virilidade se personaliza, e a fenomenalidade ganha uma profundidade. Isso não poderia se mostrar, não porque não fosse estético, mas porque o que estaria em jogo aqui provém de algo diferente da imagem fotográfica. É aqui que a pornografia engana seu mundo...

As melhores heroínas de Hitchcock, aceitando se abstraírem do mundo fotogênico e da intriga própria de seu sistema, permitem-nos suspeitar da existência de outra luz diferente daquela dos projetores. Trata-se do que, por metáfora, os antigos chamavam a luz da verdade, luz que revela e acusa ao mesmo tempo, luz, única, na qual homens e mulheres podem permanecer na presença um do outro.

Essa luz se dá no mundo por uma fala apresentada publicamente. Brilha nas promessas formuladas, em todos os atos responsáveis que essas envolvem, e compreendemos por que os casais apaixonados, unidos no tempo por uma aliança simbólica, formam o que os franceses chamavam antes "lares".

O que nos conduz, talvez a outra observação. No término dessa exposição, somos tentados a pensar que o fenômeno familiar não parece poder se produzir senão na família. Ou, para dizer diferentemente, é impossível fundar uma família fora de uma família anterior. É impossível realizar um amor conjugal, viver a experiência completa da sexualidade, fora das ligações familiares. A família, com suas mediocridades, estreitezas, fingimentos, pobres segredos, permanece o meio exclusivo da família e não poderia haver outro. Todos os dispositivos sociais e biológicos mais elaborados não podem produzir qualquer coisa que seja "família", um meio onde a mulher possa se tornar mãe, onde o homem se torne pai, ou, melhor ainda, onde o espírito de infância, senão a própria criança, possa ocorrer.

Conclusão
O fracasso e a escrita

Eis aí traçados, em algumas linhas sumárias, os principais elementos de uma herança europeia concernente à família. Um breve olhar retrospectivo sobre essas páginas nos enche de angústia: como ter ousado abordar esse tema imenso sem mencionar, finalmente, o incomparável Shakespeare e tampouco Jane Austen, Tolstoi ou tantos outros? Esse receio é genuíno. Atesta que o objetivo não é atingido, que é inclusive inacessível e que trabalhamos na boa direção. De uma certa maneira, não fomos bem-sucedidos. Mas é verdade que fomos lançados à pesquisa de algo que jamais obterá sucesso completo, ou somente ao preço de um certo fracasso. Não constatamos ao longo dessa história que o projeto familiar, a obra heterossexual, excedia as forças humanas, ressaltava-se por vários fracassos, de Édipo a Ximena, do Tristão celta aos heróis de Alfred Hitchcock? Está na natureza da coisa que ela nos escape, e nada temos a fazer senão persegui-la. Esperemos que o mesmo ocorra com o conhecimento que tentamos estabelecer e concluamos que se trata, para nós, de ler repetidamente.

Pois, e talvez esteja aí o ensinamento positivo de nosso percurso, a escrita e a leitura se mostram indissociáveis da família ocidental. Vimos essa forma famosa emergir ao mesmo tempo que a escrita, com Homero: isso não é fortuito. A boa vida familiar é, no Ocidente, uma vida literária, ou seja, uma vida apoiada na escrita e que engendra, além de entes de carne, memórias, poemas, textos.

A fim de desenvolver essa última proposição, olhemos dessa vez para um quadro memorável, examinemos uma última assinatura, e permitamo-nos ser contemplados um momento pelos célebres esposos "Arnolfini", que concedem sua bênção a todos os visitantes da National Gallery de Londres.

Um lar enigmático

Poucos quadros europeus suscitaram tantas interrogações e interpretações quanto esse pequeno painel de sessenta por oitenta centímetros. Cada personagem, cada gesto, cada objeto desse rico interior burguês do século XV sustenta várias leituras possíveis: os esposos de Van Eyck, em sua luxuosa elegância, convidam-nos a um estimulante exercício de olhar e de inteligência. Comecemos observando todos os elementos intrigantes dessa cena sem paralelo na história da pintura.

Primeiro paradoxo: somos introduzidos em um interior burguês, privado – o quarto dos esposos, no qual, porém, desenrola-se uma cena completamente imponente, quase majestosa. Uma estrutura assim é normalmente a dos quadros muito precisos que chamamos "cenas de gênero", e que representam a vida íntima, eventualmente trivial, de contemporâneos. Observamos aí artesãos em suas bancadas, pessoas à mesa diante de uma refeição, mulheres em sua toalete. A esse registro pertencem vários detalhes da imagem, como os tamancos pousados negligentemente em primeiro plano. Porém, a postura plena de nobreza dos dois personagens, as roupas cerimoniais que vestiram para a ocasião, correspondem, incontestavelmente, à solenidade de uma cerimônia pública. Onde estamos, então?

O enquadramento e a composição inteiramente originais acrescentam mais à discreta estranheza dessa visão. O volume da peça é ao mesmo tempo muito estreito e ampliado, aprofunda-se brutalmente em razão de uma perspectiva quase comprimida, que parece inclinar o soalho em nossa direção, que indevidamente encurta o leito e coloca nossos dois personagens em um primeiro plano próximo e, contudo, distante. Não pode se tratar de um descuido: Van Eyck domina perfeitamente a técnica da perspectiva, como atestam vários outros de seus quadros. Essa disposição curiosa, mais ou menos única até as visões alucinadas de um Van Gogh, é um efeito desejado de sua arte.

Outros detalhes suscitaram inúmeros comentários admirados, alguns muito evidentes, outros menos. O branco da pele da senhora seria mais branco que tudo o que se poderia obter na época; a vestimenta é do tipo hiper-realista e imaginário. Não era o uso na época, parece, aparar as franjas de um tapete. Além disso, o que vemos aqui não parece pertencer a algum modelo conhecido. Sobre o espelho, alguns discernem uma sombra branca difícil de explicar.

Em todo caso, o cão não é visível no reflexo tão minuciosamente reproduzido, quando deveria encontrar-se ali...

O estado da mulher deu lugar a controvérsias eruditas: ela está grávida, sim ou não? A tendência majoritária dos comentadores não o quer: a moda da época basta para explicar a amplidão de seu vestido (Jean de Meung, com sua costumeira delicadeza, observava em sua época que "não se distinguia as vazias das cheias"). Ademais, Van Eyck já pintara uma mulher muito semelhante em pose e volume em outro quadro: trata-se de Catarina de Alexandria, virgem santa que sabemos não estar grávida. A aparência da mulher não permitiria, portanto, qualquer conclusão. Isso posto, a ordem da peça sugere um parto iminente: o quarto, com sua grande cadeira ao lado do leito, é disposto exatamente como deve ser o de uma parturiente – diz-se, portanto, "uma mulher prestes a parturejar". Sabemos isso pelas instruções que nos restaram das parteiras da época. Além disso, o pintor foi pai em 1434, que é a data indicada no fundo do quadro. O que ocorre aqui, então?

Último elemento mais curioso: essa assinatura do artista, ao mesmo tempo admirável por sua grafia muito cuidada, e muito inabitual tanto em sua obra como nas de seus contemporâneos. Sobre a parede do fundo, acima do espelho circular, está inscrito "*Johannes de Eyck fuit hic 1434*", expressão que autoriza duas traduções: "Johannes de Eyck esteve aqui" ou "foi este aqui em 1434". Não sabemos, portanto, se o quadro é somente assinado por seu autor, de uma forma certamente pouco convencional, ou se a inscrição certifica o autorretrato.

A história do quadro não permite esclarecer esses diferentes enigmas. Em vez disso, aumenta o mistério. É impossível determinar com certeza quem é representado nesse retrato. A primeira menção conhecida da obra nos diz que foi propriedade de um nobre espanhol chamado Don Diego, que a deu a Margarida da Áustria. Graças a essa doação, possuímos a primeira menção ao quadro em 1516 no inventário das pinturas dela. Podemos ler nele: "Um grande quadro que chamamos Hernoul le Fin com sua mulher em um quarto, que foi doado à Senhora por Don Diego, cujos brasões estão na cobertura desse quadro. Realizado pelo pintor Johannes". Como esse Don Diego adquiriu a tela, de onde vem esse nome de Arnoul, ninguém sabe. A lista de proprietários sucessivos da obra é ao mesmo tempo longa e prestigiosa, incluindo reis e rainhas. Finalmente, chega à National Gallery onde pode ser visto hoje.

O nome Arnoul le Fin foi discutido no século XIX e comparado a um nome florentino conhecido, o dos Arnolfini, dinastia riquíssima de comerciantes luquenses do século XV. Muito ativos no grupo do ducado de Borgonha, os Arnolfini comercializam todos os tipos de tecidos mais luxuosos e possuem estabelecimentos em várias cidades importantes, notadamente em Bruges, onde Van Eyck teria podido pintá-los. Apenas príncipes ou comerciantes extremamente ricos podiam pagar uma tela semelhante – a outra obra-prima do mestre foi encomendada por um casal gantês sem filhos, Joost e Lysbett Vijdt, que legou sua gigantesca fortuna à catedral de sua cidade sob a forma do grande políptico do Cordeiro místico. Van Eyck trabalhou de bom grado para essa clientela da altíssima burguesia.

O personagem da esquerda poderia ser, portanto, esse Arnolfini, provavelmente um certo Giovanni do qual temos algumas provas muito convincentes para justificar seu estado civil aqui apresentado. Como o esposo recebe a esposa com a mão esquerda, imaginamos diante desse quadro um casamento morganático, a nova técnica da pintura a óleo se revelando tão confiável como testemunha quanto a escritura mais oficial. A assinatura do fundo viria selar, de fato, uma imagem que, por sua precisão, não teria menos valor que o ato de um notário; e a pintura, testemunho oficial da cena, seria, assim, elevada à dignidade desse magistrado. Mas isso não é tão simples, e a identidade de Arnolfini, assim como as intenções de Van Eyck, permanecem discutíveis.

Um vasto debate anima, então, os eruditos do mundo inteiro desde que Joseph Archer Crowe e Giovanni Battista Cavalcaselle apresentaram essa tese arnolfiniana em 1857. Não está fechado. A síntese recente de Jean-Philippe Postel enumera não menos que doze proposições diferentes sobre a obra, às quais acrescenta uma décima-terceira, a de um autorretrato de Van Eyck com uma possível primeira esposa que ressurgiria aqui do purgatório, alma finada que veio exigir missas, segurando e queimando a mão de seu pobre viúvo como apenas os fantasmas podem fazer. Em suma, todas as erudições e fantasias são autorizadas.

O casamento, a piedade, a visão

Desviemo-nos, por um momento, dessa literatura e nos contentemos em olhar para a obra. Três temas são orquestrados nela pelo artista. Talvez bastem para finalmente compreender o que está em jogo.

O primeiro tema e o mais evidente reside no estado conjugal de nossos personagens. A pose, o leito, o cão, animal fiel: tudo indica um casal de esposos, casal suntuoso, esposos em perfeito acordo. Esse acordo se verifica por uma série impressionante de diferenças ou oposições que o pintor tomou o cuidado de conjugar em torno deles e que se correspondem harmoniosamente no quadro.

O homem, com a mão levantada, encontra-se de pé perfeitamente ereto ao lado da janela, trajando uma vestimenta muito escura com as pregas bem alinhadas. Perto de seu ombro, a madeira bruta da janela reflete uma claridade viva que fixa os contrastes. A mulher se inclina levemente, iluminada por uma sinfonia brilhante de cores e texturas condensadas em todos os tipos de pregas bufantes, cuja a espessura ela define sobre seu ventre rotundo. Atrás dela, as cortinas do leito foram levantadas e amarradas em pesados feixes, aumentando mais essa impressão de peso contido. Poderíamos continuar enunciando as inúmeras oposições de estruturas e formas, matérias e cores que o artista emprega em torno dos dois personagens, mas essa rica complexidade jamais compromete a simplicidade da cena e dos esposos. Van Eyck produz aqui o emblema de um certo espírito medieval, enciclopédico à sua maneira, que pretende significar e ordenar harmoniosamente toda a criação pela combinação de figuras, categorias e símbolos.

O segundo tema exige uma observação um pouco mais fina: trata-se da devoção do casal. Exatamente a meio-caminho entre o homem e a mulher, no centro do quadro, é colocado um espelho radiante, ornado com 10 medalhões ilustrando a Paixão de Cristo e sua ressurreição. Ao lado desse objeto raro – que a língua erudita denomina *speculum* (*speculor*, em latim), pois permite observar – distinguimos um luxuoso rosário, um tipo de colar de contas que desfiamos ao recitar a prece ensinada por Cristo. Outros símbolos que podem receber uma leitura religiosa ocupam a peça.

Da esquerda para a direita, lemos praticamente a história da salvação: as laranjas, que são comparadas na época ao famoso fruto da árvore do conhecimento; as sandálias jogadas, que lembram as de Moisés diante do arbusto em chamas; o leão, animal que simboliza a ressurreição, esculpido no espaldar de uma cadeira, a vitória da mulher sobre o dragão na guarda do leito – lembrete de Santa Margarida, conforme a *Lenda dourada*, patrona das parturientes, ou da Virgem do Apocalipse, término da história humana. A esses objetos, o olho fino de Postel junta ainda as cerejas da árvore externa, frutos primaveris que, conforme os contemporâneos de Van Eyck, simbolizam, por excelência, o paraíso. Enfim, sobre tudo isso, ardendo em pleno dia, uma das velas do lustre permanece acesa, símbolo batismal de Cristo ressuscitado, ou do Espírito Santo acompanhando essa pequena igreja doméstica.

O terceiro tema, ao mesmo tempo sensível e filosófico, é particularmente tomado por esses artesãos teólogos que tentam elaborar, com a pintura a óleo, um produto e um propósito absolutamente novos. Esse tema é o da visão, que ele possibilita conduzir e talvez iludir como jamais antes. Essa problemática é introduzida pelo famoso espelho que, ao nos remeter à visão da peça "por trás", permite pensar que poderíamos conhecer a totalidade da cena.

Essa visão total não resolve todos os enigmas, uma vez que o espelho não mostra tudo. O cão, como dissemos, não está presente no reflexo, tampouco o pintor. O espelho introduz com delicadeza e sutileza a questão do que nos é mostrado, do que é visível e do que não é. É necessário se demorar um momento nesse tema da visão que, através do *status* das aparências, é, no fundo, o tema do real e de sua natureza.

A visão da realidade

Não seria exagero insistir sobre a intensidade desses problemas em uma civilização cristã: Deus é a realidade última; o objetivo da vida cristã é ver Deus e, vendo-o, ser configurado a Ele.

"Quem me viu, viu o Pai", diz Cristo, colocando, assim, a visão humana em uma relação dual e dinâmica: o visível conduz ao invisível, o invisível informa o visível, um não se dá sem o outro, sempre. "Não olhemos as coisas que se veem, diz São Paulo, mas as que não se veem. As coisas visíveis, com efeito, têm apenas um tempo, as invisíveis são eternas"; frase surpreendente, oxímora, que aconselha levar seu olhar para coisas invisíveis.

Eis aí, muito sucintamente, em que atmosfera, sobre que terreno, a pintura ocidental aparece, no centro de uma exigência aparentemente contraditória concernente à visão. A partir daí, uma reflexão rigorosa se dá no século XV entre eruditos e pintores, que são muitas vezes teólogos profundos, acerca do que um quadro pode e deve mostrar.

A tradição enumera classicamente, após Santo Agostinho, três graus da visão, correspondentes a três modalidades do conhecimento. Esses três graus são notavelmente assumidos por Van Eyck. Eles se correspondem entre si nesse pequeno quadro. Gostaríamos de dizer que "produzem" e empregam a imagem, proporcionando e garantindo sua unidade.

O primeiro desses três graus é certamente a visão sensível, aquela que nosso olho organiza em torno desse ponto único, profundo e perturbador, que ocupa nossa pupila. Aí se reflete o mundo, eficazmente reconstruído em nosso olhar. Esse encontra, no fundo do quadro, sua correspondência: o que chamamos "ponto de fuga" é esse ponto colocado arbitrariamente no desenho e para o qual convergem suas linhas de construção. É essa técnica, recente na época, que permite oferecer a ilusão de um espaço em três dimensões, um tipo de prolongamento da realidade a partir do plano do quadro. É possível falar do ponto de fuga como outro olho no quadro. Esse ponto é, com efeito, comparável a um duplo de nosso olho físico, como ele, capaz de constituir a coerência do espaço que o cerca.

O quadro de Van Eyck apresenta e comenta esse primeiro tipo de visão de uma maneira original. De um lado, já observamos o tratamento singular da perspectiva nesse quarto estreito, que apresenta um aspecto deformado. De outro, o ponto de fuga principal (de fato, há vários, aí) se situa nesse objeto estranho, o espelho, que é como outro olho no quadro. Diz-se, além disso, que os banqueiros e comerciantes da época se serviam dele para vigiar seus estabelecimentos. O pintor é aquele capaz de criar uma visão a partir de um olho sintético, artificial: eis o que isso sugere.

Mas esse dispositivo contém outra significação. O espelho, no fundo da peça, lembra-me imediatamente que a visão física, sensível, é sempre situada, e, consequentemente, finita e incompleta. De onde estou, diante desses dois personagens, vejo apenas a face do mundo que se apresenta a mim, e jamais o que está atrás de mim, o inverso da imagem, ou a ausência, ou além, talvez, o invisível. O espelho nos lembra que mortal algum poderia ver *tudo*, que uma parte da realidade nos permanece invisível.

Assim, à primeira visão imediata, esse espelho acrescenta uma segunda, uma visão artificial reconstituída com a ajuda do instrumento. O espelho nos permite, pelo uso de nossa razão e imaginação, figurar-nos um segundo tipo de imagem, mental, abstrata, e mais "verdadeira" – ou, ao menos, mais completa: a imagem da cena tal como se passaria realmente, com o conjunto de seus protagonistas no conjunto da peça nesse dia do ano de 1434.

Santo Agostinho fala sobre esse tema da fantasia como uma capacidade muito valiosa do espírito humano. Por "fantasia" ele designa a imagem mental, a reconstrução imaginária que nossa inteligência realiza ao associar raciocínio e recordação. Teríamos, então, graças a essa fantasia eficaz, uma visão total? A unidade do mundo seria enfim restituída, realizada graças aos humanos e à técnica? Isso seria para o pintor uma resposta sedutora. Temos razões para pensar que essa não é a resposta de Van Eyck.

Quer seja o olho humano ou o olho artificial do espelho, ambos são falhos. Capturam apenas a aparência e o efêmero. O que está aqui agora se desfará em breve. Por trás dos traços sempre um pouco fugidios, passageiros de nossas faces que envelhecem, dissimula-se uma continuidade invisível, espiritual, cujo sentido escapa às duas primeiras visões. Talvez seja por essa razão que o pequeno cão, símbolo vivo da fidelidade, não esteja no espelho.

Van Eyck, de fato, zomba um pouco de nós com esse espelho: quer que acreditemos que representa a cena que vemos, como se estivéssemos presentes diante dela, aqui e agora. Além disso, ele vai até juntar no reflexo do pequeno espelho uma silhueta no fundo da peça: talvez a nossa; em todo caso, a de um espectador externo. Mas ele não se representa pintando o quadro. Ora, é necessário que ele também estivesse sentado aqui, diante de seu cavalete com um pincel na mão, deixando sua marca no *speculum* incorruptível.

O terceiro tipo de visão abre, aqui, uma pista para nossa reflexão. Se Van Eyck coloca um espelho no fundo, é, sem dúvida, em referência a uma expressão célebre, aquela do *"speculum mentis"*, o "espelho da alma", e para nos conduzir com ela à essa alma, em nós unicamente habilitada à contemplação do invisível, de coisas que não passam. Na teologia cristã, a alma humana é o "espelho das coisas eternas". Eis que aqui, portanto, chegamos à terceira visão enumerada por Santo Agostinho, após a do olho e da inteligência, certamente a mais essencial. Confirmamos diante das indicações religiosas da peça que é necessário obter esse olhar da alma, desejar essa visão eterna. A unidade do quadro e de toda realidade criada é igualmente simbólica e, portanto, significante; para atingir esse degrau, uma etapa superior deve ser superada. Os sentidos e a razão não bastam.

Assim, as dez pequenas miniaturas da Paixão que circundam esse extraordinário espelho nos dão a chave de uma compreensão completa. Para ser bem refletida e, portanto, bem-vista, toda coisa deve ser examinada na estrutura da Paixão de Cristo, de sua morte e de sua ressurreição. É somente então que sua plenitude de sentido pode aparecer. Essa é, certamente, a significação última desse magnífico objeto. Mas eis-nos aqui então remetidos a outro conjunto de problemas, muito mais vastos. Como olhar com a alma? Sobre o que colocar nosso olhar, e como nos servir dele? Se conseguirmos responder a essas questões, extrairemos a outra unidade do quadro.

Contemplação

Retornemos ao essencial e perguntemos ainda, como um homem ou uma mulher do século XV, sem negligenciar nossa inteligência nem nossa alma eterna, o que representa esse quadro.

Em seu primeiro plano, de uma maneira mais que eminente, desproporcionalmente aumentada, encontra-se um casal humano. Desse, a Bíblia afirma, em uma fórmula paradoxal cujo mistério não pode ser dissipado por tradução alguma: "Deus criou o homem à sua imagem, à imagem de Deus Ele o criou; homem e mulher, Ele os criou". Compreendemos, portanto, que é na dualidade sexual que se realiza a unidade humana desejada no plano divino, refletindo a imagem de Deus. O que vemos aqui, nesse quadro-espelho, será nada menos, portanto, que o reflexo de Deus.

Porém, como podemos imaginar, a semelhança da humanidade com Deus não poderia ser uma semelhança física – como diz Santo Agostinho, que considera que os humanos não se parecem com Deus como se parecem com seus irmãos ou seus primos. O Deus que está em questão aqui, o Deus cristão, é trinitário, o que significa que é essencialmente relação. É, portanto, a relação entre o homem e a mulher que é determinante para nossa questão. Admiravelmente figurada, ela ocupa propriamente o centro do quadro. Na luz plena dessa manhã de primavera, duas mãos se recebem e se abandonam uma à outra. A partir desse ponto central, sempre conforme a teologia respeitada por Van Eyck, homem e mulher formam uma só carne: é, portanto, a mão do mesmo corpo que se ergue à esquerda e ainda a mão do mesmo corpo que segura o ventre e as dobras do vestido à direita.

Deus está lá, quando dois ou três estão reunidos em seu nome. A vela atesta que o Espírito de Deus, portanto, a Trindade, acompanha o casal: ele está casado diante de Deus; é, portanto, signo, figura de Deus pela aliança que se concedeu. É uma realidade inaudita que a espessura de nossa inteligência carnal se esforça para atingir. Quem ousará reconhecer Deus, o Criador do universo, em um casal humano, naquele de seus pais? Quem poderá discernir e contemplar essa realidade pelo que é?

A infância

Van Eyck nos apresenta, também, ao seu modo pictural, uma resposta ao mesmo tempo elementar e perfeitamente clássica a essa questão. Recapitulemos. Nosso casal forma uma imagem singular do Deus universal. Mas como ver Deus? Nós o vemos através desse espelho que é a alma, e, portanto, é necessário olhar para esse quadro com nossa alma e não apenas com nossos olhos de carne. Uma conversão se impõe, cujo método é exposto diretamente nas Escrituras.

Para olharmos com nossa alma, é necessário adotarmos um novo ponto de vista: "renascer do espírito", conforme as falas de Cristo, para ganhar um espírito de infância. "Se não mudares e não te tornares como as crianças, não entrarás no Reino dos Céus" (Mt 18,3). O Reino dos Céus é mostrado aos pobres e aos pequenos.

É necessário ser, pelo espírito, uma criança para entrar no reino. É por isso que, sem dúvida, Van Eyck nos colocou à altura da criança. Ele mesmo, ao pintar, se torna pequeno diante de seu tema. Eis aí por que os personagens aparecem inabitualmente elevados: porque somos recolocados na situação de nossa pequenez inicial. O artista, capaz de reproduzir toda realidade, propõe-nos a experiência esquecida da infância, quando o mundo era maior e as "pessoas grandes" nos pareciam, ao mesmo tempo, familiares e, porém, um pouco estranhas em sua altura, por vezes, mudas, muitas vezes, solenes.

Eis-nos aí, guiados pelo pintor, em boa posição para contemplar e compreender a obra de Deus, sua presença em nosso mundo e nossa situação em relação a ele. O casal humano evidentemente não esgota o conhecimento de Deus, mas o figura e o anuncia à criança. Ao observar, ao imitar e ao amar seus pais, a criança crescerá na direção de Deus, o Deus trinitário honrado por Van Eyck.

Podemos, agora, responder a algumas das questões colocadas acima. Em primeiro lugar, o que deve ser um quadro de pintura segundo Van Eyck, o que ele mostra. Aqui, o quadro oferece uma pedagogia do olhar que deve ser tornar ao mesmo tempo inteligente e humilde para perceber um estado singular. Como os personagens, é necessário se descalçar nesse lugar santo, entrar em uma intimidade silenciosa, contemplar o que vem. Acolhidos por eles, consideramos sua dignidade e, como recompensa, podemos esperar ser penetrados por um mistério.

A unidade e o sentido não repousam somente no olhar, nem na inteligência ordenadora, mas em uma união que recordamos aqui. Esperemos que essa relação tenha suscitado o orgulho do pintor e sua glória. É essa união que abençoa o mundo e faz dele um lugar para o qual é bom vir. Essa não seria uma boa definição do que chamamos "o mundo": o lugar onde ocorre "a vida"?

Eis aí, no meu ver, a mais provável de todas as hipóteses que foram formuladas sobre esse quadro: ele representaria Van Eyck e sua esposa antes que desse à luz – sabemos que o casal teve um filho neste ano de 1434. Essa hipótese se sustenta não somente sobre os fatos mais elementares, o que litiga a seu favor, mas também sobre a teologia cristã, da qual sabemos que Van Eyck era um conhecedor sem igual.

Por que esse duplo retrato não seria destinado à criança que se anuncia aqui sob a mão pacífica de sua jovem mãe? É o testemunho do pai diante do filho que Van Eyck realiza. Sua pose levemente enigmática se torna clara agora: compreendemos melhor ao mesmo tempo sua dignidade e sua modéstia. Ele se oculta, traz os olhos abaixados diante do mistério, abençoa quem vem e quem, ao seu modo, sela a aliança, realiza definitivamente a união que forma com a mulher que ele ama.

Que os corpos do homem e da mulher tenham formado uma só carne, os espectadores futuros, assim, testemunharão. Esse é o fruto do reflexo divino formado pelo casal. Portanto, é ele, na plenitude de sua personalidade, que se olha ao olhar para o quadro. E é, talvez, também a razão pela qual seus pais aguardam ansiosamente, diante de um momento tão imponente, um momento, na verdade, eterno, pois essa contemplação é feita para jamais ter fim.

A criança só verá tudo isso mais tarde, quando se tornar mais adulta. É fundamental considerar que esse quadro não é uma foto, mas uma lembrança, ou, se preferirmos, uma reconstituição. Se Van Eyck tivesse querido pintar uma realidade momentânea, teria organizado a perspectiva como sabe fazer. Mas, então, os personagens teriam sido dominantes. Aqui, a altura é impressionante, mas não opressiva, graças a esse efeito de perspectiva que nos coloca "como crianças", sem que sejamos, contudo, crianças: o quadro nos convida a entrar em sua realidade espiritual.

Resta a última questão, aquela que ritma essa obra porque é a pulsação dolorosa de nossa época. Por que, uma vez mais, no fundo dessa brilhante cena nupcial, a assinatura do homem, e não a da mulher? Por que é o esposo que tem o pincel, que determina a realidade, e não a esposa? Se é a época que impõe essa convenção desigual, o que quer a época, qual é seu valor?

Não é certo que alguém algum dia possa responder a essa pergunta. O que quer "a época", ou, por trás dela, o "nós" coletivo do grupo humano, ou ainda esse "nós" que, no fundo de cada um, fala muitas vezes por nós em tudo que há de cego e impessoal em nossas escolhas? Esse "nós" pode ser verdadeiramente conhecido? Há razões para duvidar: ele é, por definição, anônimo. Por outro lado, podemos conhecer o homem que assinou sua obra, Van Eyck, e saber o que ele quer quando a pinta.

Se o verdadeiro tema do quadro deve ser a relação de força entre o homem e a mulher, provavelmente, temos, além disso, um quadro machista. A escrita é instrumento de poder. Essa seria, portanto, reservada a essa parte sombria da obra que figura a virilidade. Restariam, porém, muitos comentários a oferecer à situação da mulher e do casal em questão.

Sem negligenciar a pertinência desses temas, devemos, porém, considerar que tudo, no quadro, litiga contra essa solução de uma temática finalmente política. Se, como pensamos, o verdadeiro tema do quadro é ao mesmo tempo o Deus cristão e a criança que vem, um apelando e respondendo ao outro em um dualismo dinâmico que nos é agora familiar e que atravessa aqui de maneira invisível toda ordem visível, então a questão da assinatura feminina é fácil de resolver.

O que a mulher dá ao filho é sua carne, dizem-nos os contemporâneos do pintor; e, acredita-se na época, ela a dá tão bem que até suas características próprias, as emoções que a animam, vêm se imprimir no filho. A assinatura da mulher no quadro é o filho que nascerá, é nós mesmos que nos encontramos hoje fora do quadro, diante da assinatura do pintor, além da aliança de nossos pais. Podemos ler o nome de nosso pai e contemplar a face de nossa mãe: é essa dupla operação que nos torna filhos de pleno direito, e herdeiros dignos de fé.

Além disso, essas duas assinaturas uma diante da outra, a criança e a letra, abrem a dimensão da profundidade. Desse modo, elas a qualificam singularmente em relação às outras duas, à altura ou à largura. A profundidade dessa família se mostra no ato de leitura, na identificação, no reconhecimento, no testemunho. A profundidade é a dimensão do espírito.

A leitura se realiza, aqui, nos dois sentidos. Certamente, a assinatura do pintor nos convida a uma primeira decifração. Mas podemos reverter o caso, e igualmente considerar que os personagens, o próprio quadro, é a imagem de outra Escritura. O que nos lembram as miniaturas da Paixão de Cristo em torno do espelho: o quadro reflete a compreensão de que o homem e a mulher meditaram, durante sua vida, as Sagradas Escrituras. A contrapartida do quadro também pode ser nós, que esses dois testamentos que os esposos de Van Eyck tinham diante deles e que, à sua maneira, vêm realizar. O casal encarnaria, aqui, o signo divino.

Por fim, é necessário lamentar essa distinção de gêneros? Nós a vemos, mostrada abundantemente por Van Eyck: todo o ambiente, matéria, forma, ordem humana ou natural, tudo é percorrido, fragmentado por inúmeras separações. Desse mundo dividido, Van Eyck e sua esposa conseguem, aqui, fazer um mundo compartilhado. Juntos, não negam as distinções, mas, a partir de uma herança que receberam, a dos livros santos, de uma liturgia singular, eles propõem um movimento de mudança e de comunhão, prometem a unidade do mundo à vida que vem.

O quadro subsiste, assim, como um testemunho e uma proposição. Não são fáceis de acolher na luz do mundo fotogênico, esse mundo nem sempre bem-disposto para a vida uterina, para o nascimento, para o espírito da infância. É-nos necessário trabalhar: a proposição subsiste, de século em século.

Desejamos nos colocar diante de Jan e Margaret van Eyck como o filho por vir? Aceitamos sua herança?

Desejamos com a razão, a imaginação, a força da alma, viver em sua companhia, experimentar, nessa leitura, a profundeza de seu amor?

Desejamos nos tornar profundos?

A partir daqui, o futuro nos pertence.

Conecte-se conosco:

f facebook.com/editoravozes

⊙ @editoravozes

X @editora_vozes

▶ youtube.com/editoravozes

⊙ +55 24 2233-9033

www.vozes.com.br

Conheça nossas lojas:

www.livrariavozes.com.br

Belo Horizonte – Brasília – Campinas – Cuiabá – Curitiba
Fortaleza – Juiz de Fora – Petrópolis – Recife – São Paulo

  Vozes de Bolso

EDITORA VOZES LTDA.
Rua Frei Luís, 100 – Centro – Cep 25689-900 – Petrópolis, RJ
Tel.: (24) 2233-9000 – E-mail: vendas@vozes.com.br